X 3842
Q.a.S.

CHOIX
D'ÉLOGES
FRANÇAIS.

Livraisons du CHOIX D'ÉLOGES FRANÇAIS *qui sont actuellement en vente.*

1re. *livraison*, ESSAI SUR LES ÉLOGES, ou histoire de la littérature et de l'éloquence appliquées à ce genre d'ouvrage, par Thomas, de l'académie française. 2 vol in-18; pap. ord.   3 fr. 50 c.
pap. fin.   4 fr.

2me. *livraison*, contenant les ÉLOGES de Marc-Aurèle, par Thomas; de Molière, de La Fontaine, par Chamfort; de Frédéric le Grand, par de Guibert, 2 vol. in-18, pap. ord. 3 fr.
pap fin.   3 fr. 50 c.

3me. *livraison*, contenant les ÉLOGES de Newton, de Tournefort, de Vauban, de Leibnits, de d'Argenson, et du Czar Pierre I; par *M. de Fontenelle*, 1 vol. in-18, prix pap. ord. 1 fr. 50 c.
papier fin.   2 fr.

SOUS PRESSE.

4me. *et dernière livraison*, contenant les Éloges de Franklin, par *Condorcet*, de Buffon, par *Vicq-d'Azir*, de Descartes et de Duguay-Trouin, par *Thomas*. 2 vol. in-18

On peut acquérir séparément chaque livraison qui forme un ouvrage complet.

DE L'IMPRIMERIE DE L. HAUSSMANN, rue de la Harpe, No. 60.

CHOIX
D'ÉLOGES
FRANÇAIS
LES PLUS ESTIMÉS,

CONTENANT:

OGES DE NEWTON, DE TOURNEFORT, DE VAUBAN,
E LEIBNITZ, DE D'ARGENSON ET DU CSAR PIERRE I;

Par M. DE FONTENELLE.

III.

A PARIS,

Chez D'HAUTEL, Libraire, rue de la Harpe, n° 80,
près le Collége de Justice.

1812.

ÉLOGE
DE
M. NEWTON.

Isaac Newton naquit le jour de Noël V.S. de l'an 1642, à Volstrop, dans la province de Lincoln. Il sortoit de la branche aînée de Jean Newton, chevalier baronet seigneur de Volstrop. Cette seigneurie étoit dans la famille depuis près de deux cents ans. MM. Newton s'y étoient transportés de Westby dans la même province de Lincoln, mais ils étoient originaires de Newton dans celle de Lancastre. La mère de M. Newton, nommée Anne Ascough, étoit aussi d'une ancienne famille. Elle se remaria après la mort de son premier mari, père de M. Newton.

Elle mit son fils âgé de 12 ans à la

grande école de Grantham, et l'en retira au bout de quelques années, afin qu'il s'accoutumât de bonne heure à prendre connoissance de ses affaires, et à les gouverner lui-même. Mais elle le trouva si peu occupé de ce soin, si distrait par les livres, qu'elle le renvoya à Grantham pour y suivre son goût en liberté. Il le satisfit encore mieux en passant dé là au collége de la Trinité dans l'université de Cambridge, où il fut reçu en 1660, à l'âge de 18 ans.

Pour apprendre les mathématiques, il n'étudia point Euclide, qui lui parut trop clair, trop simple, indigne de lui prendre du temps; il le savoit presque avant que de l'avoir lu, et un coup d'œil sur l'énoncé des théorêmes les lui démontroit. Il sauta tout d'un coup à des livres tels que la Géométrie de Descartes, et les Optiques de Keppler. On lui pourroit appliquer ce que Lucain a dit du Nil, dont les anciens ne connoissoient point la source, *qu'il n'a pas été permis aux hommes de voir le Nil foible et naissant.* Il y a des preuves que M. Newton avoit fait à vingt-quatre ans ses grandes découvertes en géométrie, et posé les fondemens de ses deux célèbres ouvrages, les *Principes*, et l'*Optique*. Si des intelligences supérieures à l'homme ont aussi un progrès de connoissances, elles volent tandis que nous rampons, elles suppriment des milieux que nous ne parcourons qu'en nous traînant lentement, et avec effort, d'une vérité à une autre qui y touche.

Nicolas Mercator, né dans le Holstein, mais qui a passé sa vie en Angleterre, publia en 1668 sa *Logarithmotechnie*, où il donnoit par une suite ou série infinie la quadrature de l'hyperbole. Alors il parut pour la première fois dans le monde savant une suite de cette espèce, tirée de la nature particulière d'une courbe avec un art tout nouveau, et très-délié. L'illustre M. Barrow, qui étoit à Cambridge où étoit M. Newton âgé de vingt-six ans, se souvint aussitôt d'avoir vu la même théorie dans des écrits du jeune homme, non pas bornée à l'hyperbole, mais étendue par des formules générales à toutes sortes de courbes, même mécaniques, à leurs quadratures, à leurs rectifications, à leurs centres de gravité, aux solides formés par leurs révolutions, aux surfaces de ces solides, de sorte que quand les déterminations étoient possibles, les suites s'arrêtoient à un certain point, ou si elles ne s'arrêtoient pas, on en avoit les sommes par règles; que si les déterminations précises étoient impossibles, on en pouvoit toujours approcher à l'infini, supplément le plus heureux et le plus subtil que l'esprit humain pût trouver à l'imperfection de ses connoissances. C'étoit une grande richesse pour un géomètre de posséder une théorie si féconde et si générale, c'étoit une gloire encore plus grande d'avoir inventé une théorie si surprenante et si ingénieuse, et M. Newton averti par le livre de Mercator que cet habile homme étoit sur la voie, et que d'autres s'y pourroient mettre en le suivant, devoit naturellement se presser d'étaler ses trésors, pour s'en assurer la véritable propriété, qui consiste dans la découverte. Mais il se contenta de la richesse, et ne se piqua point de la gloire. Il dit lui-même dans une lettre du *Commercium Epistolicum*, *qu'il avoit cru que son secret étoit entièrement trouvé par Mercator, ou le seroit par d'autres, avant qu'il fût d'un âge assez mûr pour composer*. Il se laissoit enlever sans regret ce qui avoit dû lui promettre beaucoup de gloire, et le flatter des plus douces espérances de cette espèe, et il attendoit l'âge convenable pour composer, ou pour se donner

*

au public, n'ayant pas attendu celui de faire les plus grandes choses. Son manuscrit sur les suites infinies fut simplement communiqué à M. Collins, et à milord Brownker, habiles en ces matières, et encore ne le fut-il que par M. Barrow, qui ne lui permettoit pas d'être tout à fait aussi modeste qu'il l'eût voulu.

Ce manuscrit, tiré en 1669 du cabinet de l'auteur, porte pour titre : *Méthode que j'avois trouvée autrefois*, etc. Et quand cet *autrefois* ne seroit que trois ans, il auroit donc trouvé à vingt-quatre ans toute la belle théorie des suites. Mais il y a plus. Ce même manuscrit contient et l'invention et le calcul des *Fluxions*, ou infiniment petits, qui ont causé une si grande contestation entre M. Leibnitz et lui, ou plutôt entre l'Allemagne et l'Angleterre. Nous en avons fait l'histoire en 1716 dans l'Eloge de M. Leibnitz et quoique ce fût l'Eloge de

M. Leibnitz (1), nous y avons si exactement gardé la neutralité d'historien, que nous n'avons présentement rien de nouveau à dire pour M. Newton. Nous avons marqué expressément *que M. Newton étoit certainement inventeur, que sa gloire étoit en sûreté, et qu'il n'étoit question que de savoir si M. Leibnitz avoit pris de lui cette idée.* Toute l'Angleterre en est convaincue, quoique la Société royale ne l'ait pas prononcé dans son jugement, et l'ait tout au plus insinué. M. Newton est constamment le premier inventeur, et de plusieurs années le premier. M. Leibnitz de son côté est le premier qui ait publié ce calcul, et s'il l'avoit pris de M. Newton, il ressembleroit du moins au Prométhée de la fable, qui déroba le feu aux dieux, pour en faire part aux hommes.

―――――――――――――

(1) Voyez cet Eloge inséré dans ce volume.

En 1687, M. Newton se résolut enfin à se dévoiler, et à révéler ce qu'il étoit, les *Principes mathématiques de la philosophie naturelle* parurent. Ce livre, où la plus profonde géométrie sert de base à une physique toute nouvelle, n'eut pas d'abord tout l'éclat qu'il méritoit, et qu'il devoit avoir un un jour. Comme il est écrit très-savamment, que les paroles y sont fort épargnées, qu'assez souvent les conséquences y naissent rapidement des principes, et qu'on est obligé à suppléer de soi-même tout l'entre-deux, il falloit que le public eût le loisir de l'entendre. Les grands géomètres n'y parvinrent qu'en l'étudiant avec soin, les médiocres ne s'y embarquèrent qu'excités par le témoignage des grands ; mais enfin quand le livre fut suffisamment connu, tous les suffrages, qu'il avoit gagnés si lentement, éclatèrent de toutes parts, et ne formèrent qu'un cri d'admiration.

Tout le monde fut frappé de l'esprit original qui brille dans l'ouvrage de cet esprit créateur, qui dans toute l'étendue du siècle le plus heureux, ne tombe guère en partage qu'à trois ou quatre hommes pris dans toute l'étendue des pays savans.

Deux théories principales dominent dans les *Principes mathématiques*, celle des forces centrales, et celle de la résistance des milieux au mouvement, toutes deux presque entièrement neuves, et traitées selon la sublime géométrie de l'auteur. On ne peut plus toucher ni à l'une ni à l'autre de ces matières, sans avoir M. Newton devant les yeux, sans le répéter, ou sans le suivre; et si on veut le déguiser, quelle adresse pourra empêcher qu'il ne soit reconnu?

Le rapport trouvé par Keppler, entre les révolutions des corps célestes, et leur distance à un centre commun de ces révolutions, règne constamment dans tout le ciel. Si l'on imagine, ainsi qu'il est nécessaire, qu'une certaine force empêche ces grands corps de suivre pendant plus d'un instant leur mouvement naturel en ligne droite d'occident en orient, et les retire continuellement vers un centre, il suit de la règle de Keppler, que cette force, qui sera centrale, ou plus particulièrement *centripète*, aura sur un même corps une action variable selon les différentes distances à ce centre, et cela dans la raison renversée des quarrés de ces distances, c'est-à-dire, par exemple, que si ce corps étoit deux fois plus éloigné du centre de sa révolution, l'action de la force centrale sur lui en seroit quatre fois plus foible. Il paroît que M. Newton est parti de là pour toute sa physique du monde pris en grand. Nous pouvons supposer aussi ou feindre qu'il a d'abord considéré la lune, parce qu'elle a la terre pour centre de son mouvement.

Si la lune perdoit toute l'impulsion, toute la tendance qu'elle a pour aller d'occident en orient en ligne droite, et qu'il ne lui restât que la force centrale qui la porte vers le centre de la terre, elle obéiroit donc uniquement à cette force, en suivroit uniquement la direction, et viendroit en ligne droite vers le centre de la terre. Son mouvement de révolution étant connu, M. Newton démontre par ce mouvement que dans la première minute de sa descente elle décriroit 15 pieds de Paris. Sa distance à la terre est de 60 demi-diamètres de la terre; donc si la lune étoit à la surface de la terre, sa force seroit augmentée selon le quarré de 60, c'est-à-dire, qu'elle seroit de 3600 fois plus puissante, et que la lune dans une minute décriroit 3600 fois 15 pieds.

Maintenant si l'on suppose que la force qui agissoit sur la lune soit la même que celle que nous appelons pesanteur, dans les corps terrestres, il s'ensuivra du système de Galilée, que la lune qui à la surface de la terre parcouroit 3600 fois 15 pieds en une minute, devroit parcourir aussi 15 pieds dans la première soixantième partie, ou dans la première seconde de cette minute. Or, on sait, par toutes les expériences, et on n'a pu les faire qu'à de très-petites distances de la surface de la terre, que les corps pesans tombent de 15 pieds dans la première seconde de leur chute. Ils sont donc, quand nous éprouvons la durée de leurs chutes, dans le même cas précisément, que si ayant fait autour de la terre, avec la même force centrale que la lune, la même révolution, et à la même distance ils se trouvoient ensuite tout près de la surface de la terre, et s'ils sont dans le même cas où seroit la lune, la lune est dans le cas où ils sont, et n'est attirée à chaque instant vers la terre que par la même pesanteur. Une conformité si exacte d'effets, ou plutôt cette parfaite identité, ne peut venir que de celles des causes.

Il est vrai que dans le système de Galilée, qu'on a suivi ici, la pesanteur est constante, et que la force centrale de la lune ne l'est pas dans la démonstration même qu'on vient de donner. Mais la pesanteur peut bien ne paroître constante, ou, pour mieux dire, elle ne le paroît dans toutes nos expériences, qu'à cause que la plus grande hauteur d'où nous puissions voir tomber des corps, n'est rien par rapport à la distance de 1500 lieues où ils sont tous du centre de la terre. Il est démontré qu'un boulet de canon tiré horizontalement décrit dans l'hypothèse de la pesanteur constante une parabole terminée à un certain point par la rencontre de la terre, mais que s'il étoit tiré d'une hauteur qui pût rendre sensible l'inégalité d'action de la pesanteur, il décriroit au lieu de la parabole une ellipse dont le centre de la terre seroit un des foyers, c'est-à-dire, qu'il feroit exactement ce que fait la lune.

Si la lune est pesante à la manière des corps terrestres, si elle est portée vers la terre par la même force qui les y porte, si, selon l'expression de M. Newton, elle pèse sur la terre, la même cause agit dans tout ce merveilleux assemblage des corps célestes, car toute la nature est une, c'est par-tout la même disposition, par-tout des ellipses décrites par des corps dont le mouvement se rapporte à un corps placé dans un des foyers. Les satellites de Jupiter pèsent sur Jupiter, comme la lune sur la terre, les satellites de Saturne sur Saturne, toutes les planètes ensemble sur le soleil.

On ne sait point en quoi consiste la

pesanteur, et M. Newton lui-même l'a ignoré. Si la pesanteur agit par impulsion, on conçoit qu'un bloc de marbre qui tombe, peut être poussé vers la terre, sans que la terre soit aucunement poussée vers lui; et en un mot, tous les centres auxquels se rapportent les mouvemens causés par la pesanteur, pourront être immobiles. Mais si elle agit par attraction, la terre ne peut attirer le bloc de marbre, sans que ce bloc n'attire aussi la terre; pourquoi cette vertu attractive seroit-elle plutôt dans certains corps que dans d'autres? M. Newton pose toujours l'action de la pesanteur réciproque dans tous les corps, et proportionnelle seulement à leurs masses, et par-là il semble déterminer la pesanteur à être réellement une attraction, il n'emploie à chaque moment que ce mot pour exprimer la force active des corps, force, à la vérité, inconnue, et qu'il ne prétend pas définir;

mais si elle pouvoit agir aussi par impulsion, pourquoi ce terme plus clair n'auroit-il pas été préféré? car on conviendra qu'il n'étoit guère possible de les employer tous deux indifféremment, ils sont trop opposés. L'usage perpétuel du mot d'attraction, soutenu d'une grande autorité, et peut-être aussi de l'inclination qu'on croit sentir à M. Newton pour la chose même, familiarise du moins les lecteurs avec une idée proscrite par les Cartésiens, et dont tous les autres philosophes avoient ratifié la condamnation. Il faut être présentement sur ses gardes, pour ne lui pas imaginer quelque réalité; on est exposé au péril de croire qu'on l'entend.

Quoi qu'il en soit, tous les corps, selon M. Newton, pèsent les uns sur les autres, ou s'attirent en raison de leurs masses, et quand ils tournent autour d'un centre commun, dont par conséquent ils sont attirés, et qu'ils attirent, leurs forces attractives varient dans la raison renversée des quarrés de leurs distances à ce centre ; et si tous ensemble avec leur centre commun tournent autour d'un autre centre commun à eux et à d'autres, ce sont encore de nouveaux rapports, qui font une étrange complication. Ainsi, chacun des cinq satellites de Saturne pèse sur les quatre autres, et les quatre autres sur lui ; tous les cinq pèsent sur Saturne, et Saturne sur eux ; le tout ensemble pèse sur le soleil, et le soleil sur ce tout. Quelle géométrie a été nécessaire pour débrouiller ce chaos de rapports ! Il paroît téméraire de l'avoir entrepris, et on ne peut voir sans étonnement que d'une théorie si abstraite, formée de plusieurs théories particulières, toutes très-difficiles à manier, il naisse nécessairement des conclusions toujours conformes aux faits établis par l'astronomie.

Quelquefois même ces conclusions

semblent deviner des faits, auxquels les astronomes ne se seroient pas attendus. On prétend depuis un temps, et surtout en Angleterre, que quand Jupiter et Saturne sont entr'eux dans leur plus grande proximité, qui est de 165 millions de lieues, leurs mouvemens ne sont plus de la même régularité que dans le reste de leur cours, et le système de M. Newton en donne tout d'un coup la cause, qu'aucun autre système ne donneroit. Jupiter et Saturne s'attirent plus fortement l'un l'autre, parce qu'ils sont plus proches, et par là la régularité du reste de leur cours est sensiblement troublée ; on peut aller jusqu'à déterminer la quantité et les bornes de ce dérèglement.

La lune est la moins régulière des planètes ; elle échappe assez souvent aux tables les plus exactes, et fait des écarts dont on ne connoît point les principes. M. Halley, que son profond savoir en mathématiques n'empêche pas d'être bon poëte, dit dans des vers latins qu'il a mis au devant des *Principes* de M. Newton, que *la lune jusques-là ne s'étoit point laissée assujétir au frein des calculs, et n'avoit été domptée par aucun astronome*, mais qu'elle l'est enfin dans le nouveau système. Toutes les bizarreries de son cours y deviennent d'une nécessité qui les fait prédire, et il est difficile qu'un système où elles prennent cette forme, ne soit qu'un système heureux, surtout si on ne les regarde que comme une petite partie d'un tout qui embrasse avec le même succès une infinité d'autres explications. Celle du flux et du reflux s'offre si naturellement par l'action de la lune sur les mers, combinée avec celle du soleil, que ce merveilleux phénomène semble en être dégradé.

La seconde des deux grandes théories sur lesquelles roule le livre des

Principes, est celle de la résistance des milieux au mouvement qui doit entrer dans les principaux phénomènes de la nature, tels que les mouvemens des corps célestes, la lumière, le son. M. Newton établit à son ordinaire sur une très-profonde géométrie, ce qui doit résulter de cette résistance selon toutes les causes qu'elle peut avoir, la densité du milieu, la vitesse du corps mû, la grandeur de sa surface, et il arrive enfin à des conclusions qui détruisent les tourbillons de Descartes, et renversent ce grand édifice céleste, qu'on auroit cru inébranlable. Si les planètes se meuvent autour du soleil dans un milieu, quel qu'il soit, dans une matière éthérée, qui remplit tout, et qui, quelque subtile qu'elle soit, n'en résistera pas moins, ainsi qu'il est démontré, comment les mouvemens des planètes n'en sont-ils pas perpétuellement et même promptement affoiblis ?

Surtout, comment les comètes traversent-elles les tourbillons librement en tous sens, quelquefois avec des directions de mouvement contraires aux leurs, sans en recevoir nulle altération sensible dans leurs mouvemens, de quelque longue durée qu'ils puissent être ? Comment ces torrens immenses, et d'une rapidité presque incroyable, n'absorbent-ils pas en peu d'instans tout le mouvement particulier d'un corps, qui n'est qu'un atome par rapport à eux, et ne le forcent-ils pas à suivre leur cours ?

Les corps célestes se meuvent donc dans un grand vide, si ce n'est que leurs exhalaisons, et les rayons de lumière, qui forment ensemble mille entrelacemens différens, mêlent un peu de matière à des espaces immatériels presque infinis. L'attraction et le vide, bannis de la physique par Descartes, et bannis pour jamais selon les apparences, y viennent ramenés par M. Newton, armés d'une force toute nouvelle dont on ne les croyoit pas capables, et seulement peut-être un peu déguisés.

Les deux grands hommes, qui se trouvent dans une si grande opposition, ont eu de grands rapports. Tous deux ont été des génies du premier ordre, nés pour dominer sur les autres esprits, et pour fonder des empires. Tous deux géomètres excellens ont vu la nécessité de transporter la géométrie dans la physique. Tous deux ont fondé leur physique sur une géométrie qu'ils ne tenoient presque que de leurs propres lumières. Mais l'un, prenant un vol hardi, a voulu se placer à la source de tout, se rendre maître des premiers principes par quelques idées claires et fondamentales, pour n'avoir plus qu'à descendre aux phénomènes de la nature, comme à des conséquences nécessaires ; l'autre plus timide, ou plus modeste, a commencé sa marche par s'appuyer sur les phénomènes pour remonter aux principes inconnus, résolu de les admettre quels que les pût donner l'enchaînement des conséquences. L'un part de ce qu'il entend nettement pour trouver la cause de ce qu'il voit. L'autre part de ce qu'il voit pour en trouver la cause, soit claire, soit obscure. Les principes évidens de l'un ne le conduisent pas toujours aux phénomènes tels qu'ils sont; les phénomènes ne conduisent pas toujours l'autre à des principes assez évidens. Les bornes qui, dans ces deux routes contraires ont pu arrêter deux hommes de cette espèce, ne sont pas les bornes de leur esprit, mais celles de l'esprit humain.

En même temps que M. Newton travailloit à son grand ouvrage des *Principes*, il en avoit un autre entre les mains, aussi original, aussi neuf, moins général par son titre, mais aussi étendu par la manière dont il devoit traiter un sujet particulier. C'est l'*Optique*, ou *Traité de la Lumière et des Couleurs*, qui parut pour la première fois en 1704; il avoit fait pendant le cours de trente années les expériences qui lui étoient nécessaires.

L'art de faire des expériences porté à un certain degré, n'est nullement commun. Le moindre fait qui s'offre à nos yeux, est compliqué de tant d'autres faits, qui le composent ou le modifient, qu'on ne peut sans une extrême adresse démêler tout ce qui y entre, ni même sans une sagacité extrême soupçonner tout ce qui peut y entrer. Il faut décomposer le fait dont il s'agit en d'autres qui ont eux-mêmes leur composition, et quelquefois, si l'on n'avoit bien choisi sa route, on s'engageroit dans des labyrinthes d'où l'on ne sortiroit pas. Les faits primitifs et élémentaires semblent nous avoir été cachés par la nature avec autant de soin que des causes, et quand on parvient à les voir, c'est un spectacle tout nouveau, et entièrement imprévu.

L'objet perpétuel de l'*Optique* de M. Newton, est l'anatomie de la lumière. L'expression n'est point trop hardie, ce n'est que la chose même. Un très-petit rayon de lumière, qu'on laisse entrer dans une chambre parfaitement obscure, mais qui ne peut être si petit qu'il ne soit encore un faisceau d'une infinité de rayons, est divisé, disséqué, de façon que l'on a les rayons élémentaires qui le composoient séparés les uns des autres, et teints chacun d'une couleur particulière, qui après cette séparation ne peut plus être altérée. Le blanc dont étoit le rayon total avant la dissection, résultoit du mélange de toutes les couleurs particulières des rayons primitifs. La séparation de ces rayons étoit si difficile, que quand M. Mariotte l'entreprit sur les premiers bruits des expériences de M. Newton, il la manqua, lui qui avoit tant de génie pour les expériences, et qui a si bien réussi sur tant d'autres sujets.

On ne sépareroit jamais les rayons primitifs et colorés, s'ils n'étoient de leur nature tels qu'en passant par le même lieu, par le même prisme de verre, ils se rompent sous différens angles, et par-là se démêlent quand ils sont reçus à des distances convenables. Cette différente refrangibilité des rayons rouges, jaunes, verts, bleus, violets, et de toutes les couleurs intermédiaires en nombre infini, propriété qu'on n'avoit jamais soupçonnée, et à laquelle on ne pouvoit guères être conduit par aucune conjecture, est la découverte fondamentale du traité de M. Newton. La différente réfrangibilité amène la différente réflexibilité. Il y a plus; les rayons qui tombent sous le même angle sur une surface, s'y rompent et réfléchissent alternativement; espèce de jeu qui n'a pu être aperçu qu'avec des yeux extrêmement fins et bien aidés par l'esprit. Enfin, et sur ce point seul, la première idée n'appartient pas à M. Newton, les rayons qui passent près des extrémités d'un corps sans le toucher, ne laissent pas de s'y détourner de la ligne droite, ce qu'on appelle *inflexion*. Tout cela ensemble forme un corps d'*optique* si neuf, qu'on pourra désormais regarder cette science comme presque entièrement due à l'auteur.

Pour ne pas se borner à des spéculations, qu'on traite quelquefois injustement d'oisives, il a donné dans cet ouvrage l'invention et le dessin d'un télescope par réflexion, qui n'a été bien exécuté que long-temps après. On a vu ici que ce télescope n'ayant que deux pieds et demi de longueur, faisoit autant d'effet qu'un bon télescope ordinaire de huit ou neuf pieds, avantage très-considérable, et dont apparemment on connoîtra mieux encore à l'avenir toute l'étendue.

Une utilité de ce livre, aussi grande peut-être que celle qu'on tire du grand nombre de connoissances nouvelles dont il est plein, est qu'il fournit un excellent modèle de l'art de se conduire dans la philosophie expérimentale. Quand on voudra interroger la nature par les expériences, et les observations, il la faudra interroger comme M. Newton, d'une manière aussi adroite, aussi pressante. Des choses qui se dérobent presque à la recherche par être trop déliées, il les sait réduire à souffrir le calcul, et un calcul qui ne demande pas seulement le savoir des bons géomètres, mais encore plus une dextérité particulière. L'application qu'il fait de sa géométrie a autant de finesse, que sa géométrie a de sublimité.

Il n'a pas achevé son *Optique*, parce que des expériences, dont il avoit encore besoin, furent interrompues, et qu'il n'a pu les reprendre. Les pierres d'attente qu'il a laissées à cet édifice imparfait, ne pourront guères être employées que par des mains aussi habiles que celles du premier architecte. Il a du moins mis sur la voie, autant qu'il a pu, ceux qui voudront continuer son ouvrage, et même il leur trace un chemin pour passer de l'optique à une physique entière; sous la forme de *doutes* ou de *questions à éclaircir*, il propose un grand nombre de vues, qui aideront les philosophes à venir, ou du moins feront l'histoire, toujours curieuse, des pensées d'un grand philosophe.

L'attraction domine dans ce plan abrégé de physique. La force qu'on appelle *dureté* des corps, est l'attraction mutuelle de leurs parties, qui les serre les unes contre les autres, et si elles sont de figure à se pouvoir toucher par toutes leurs faces sans laisser d'interstices, les corps sont parfaitement durs. Il n'y a de cette espèce que de petits corps primordiaux et inaltérables, élémens de tous les autres. Les fermentations, ou effervescences chimiques, dont le mouvement est si violent, qu'on les pourroit quelquefois comparer à des tempêtes, sont des effets de cette puissante attraction, qui n'agit entre les petits corps qu'à de petites distances.

En général il conçoit que l'attraction est le principe agissant de toute la nature, et la cause de tous les mouvemens. Car si une certaine quantité de mouvement une fois imprimée par les mains de Dieu, ne faisoit ensuite que se distribuer différemment selon les lois du choc, il paroît qu'il périroit toujours du mouvement par les chocs contraires sans qu'il en pût renaître, et que l'univers tomberoit assez promptement dans un repos, qui seroit la mort générale de tout. La vertu de l'attraction toujours subsistante, et qui ne s'affoiblit point en s'exerçant, est une ressource perpétuelle d'action et de vie. Encore peut-il arriver que les effets de cette vertu viennent enfin à se combiner de façon que le système de l'univers se dérégleroit, et *qu'il demanderoit*, selon M. Newton, *une main qui y retouchât*.

Il déclare bien nettement qu'il ne donne cette attraction que pour une cause qu'il ne connoît point, et dont seulement il considère, compare et calcule les effets; et pour se sauver du reproche de rappeler les *qualités occultes* des scholastiques, il dit qu'il n'établit que des qualités *manifestes* et très-sensibles par les phénomènes; mais qu'à la vérité les causes de ces qualités sont *occultes*, et qu'il en laisse la recherche à d'autres philosophes. Mais ce que les scholastiques appeloient qualités occultes, n'étoient-ce pas des causes? Ils voyoient bien aussi les effets. D'ailleurs ces causes occultes que M. Newton n'a pas trouvées, croyoit-il que d'autres les trouvassent? S'engagera-t-on avec beaucoup d'espérance à les chercher?

Il mit à la fin de l'*Optique* deux traités de pure géométrie, l'un de la *quadrature des courbes*, l'autre un *dénombrement des lignes* qu'il appelle *du troisième ordre*. Il les en a retranchés depuis, parce que le sujet en étoit trop différent de celui de l'optique, et on les a imprimés à part en 1711 avec une *analyse par les équations infinies et la méthode différentielle*. Ce ne seroit plus rien dire que d'ajouter ici qu'il brille dans tous ces ouvrages une haute et fine géométrie qui lui appartenoit entièrement.

Absorbé dans ses spéculations, il devoit naturellement être et indifférent pour les affaires; et incapable de les traiter. Cependant lorsqu'en 1687, année de la publication de ses *principes*, les priviléges de l'université de Cambridge, où il étoit professeur en mathématiques dès l'an 1669, par la démission de M. Barrow en sa faveur, furent attaqués par le roi Jacques II, il fut un des plus zélés à les soutenir, et son université le nomma pour être un de ses délégués par devant la cour de *haute-commission*. Il en fut aussi le membre représentant dans le parlement de *convention* en 1688, et il y tint séance jusqu'à ce qu'il fût dissous.

En 1696, le comte d'Halifax, chancelier de l'échiquier, et grand protecteur des savans, car les seigneurs anglois ne se piquent pas de l'honneur d'en faire peu de cas, et souvent le sont eux-mêmes, obtint du roi Guillaume de créer M. Newton *garde des monnoies*; et dans cette charge il rendit des services importans à l'occasion de la grande refonte qui se fit en ce temps-là. Trois ans après il fut *maître de la monnoie*, emploi d'un revenu très-considérable, et qu'il a possédé jusqu'à la mort.

On pourroit croire que sa charge de la monnoie ne lui convenoit que parce qu'il étoit excellent géomètre et physicien; et en effet cette matière demande souvent des calculs difficiles, et quantité d'expériences chimiques; et il a donné des preuves de ce qu'il pouvoit en ce genre, par sa *Table des essais des monnoies étrangères*, imprimée à la fin du livre du docteur Arbuthnot. Mais il falloit que son génie s'étendît jusqu'aux affaires purement politiques, et où il n'entroit nul mélange des sciences spéculatives. A la convocation du parlement de 1701, il fut choisi de nouveau membre de cette assemblée pour l'université de Cambridge. Après tout, c'est peut-être une erreur de regarder les sciences et les affaires comme si incompatibles, principalement pour les hommes d'une certaine trempe. Les affaires politiques bien étendues se réduisent elles-mêmes à des calculs très-fins, et à des combinaisons délicates, que les esprits accoutumés aux hautes spéculations saisissent plus facilement et plus sûrement, dès qu'ils sont instruits des faits, et fournis des matériaux nécessaires.

M. Newton a eu le bonheur singulier de jouir pendant sa vie de tout ce qu'il méritoit, bien différent de Descartes qui n'a reçu que des honneurs posthumes. Les Anglois n'en honorent pas moins les grands talens, pour être nés chez eux. Loin de chercher à les rabaisser par des critiques injurieuses, loin d'applaudir à l'envie qui les attaque, ils sont tous de concert à les élever; et cette grande liberté qui les divise sur les points les plus importans, ne les empêche point de se réunir sur celui-là. Ils sentent tous combien la gloire de l'esprit doit être précieuse à un état; et qui peut la procurer à leur patrie, leur devient infiniment cher. Tous les savans d'un pays qui en produit tant, mirent M. Newton à leur tête par une espèce d'acclamation unanime; ils le reconnurent pour chef et pour maître; un rebelle n'eût osé s'élever, on n'eût pas souffert même un médiocre admirateur. Sa philosophie a été adoptée par toute l'Angleterre; elle domine dans la société royale, et dans tous les excellens ouvrages qui en sont sortis, comme si elle étoit déjà consacrée par le respect d'une longue suite de siècles. Enfin il a été révéré au point que la mort ne pouvoit plus lui produire de nouveaux honneurs; il a vu son apothéose. Tacite qui a reproché aux Romains leur extrême indifférence pour les grands hommes de leur nation, eût donné aux Anglois la louange toute opposée. En vain les Romains se seroient-ils excusés sur ce que le grand mérite leur étoit devenu familier. Tacite leur eût répondu que le grand mérite n'étoit jamais commun, ou que même il faudroit, s'il étoit possible, le rendre commun par la gloire qui y seroit attachée.

En 1703, M. Newton fut élu président de la société royale, et l'a été sans interruption jusqu'à sa mort pendant vingt-trois ans ; exemple unique, et dont on n'a pas cru devoir craindre les conséquences.

La reine Anne le fit chevalier en 1705 ; titre d'honneur qui marque du moins que son nom étoit allé jusqu'au trône, où les noms les plus illustres en ce genre ne parviennent pas toujours.

Il fut plus connu que jamais à la cour sous le roi Georges. La princesse de Galles, aujourdhui reine d'Angleterre, avoit assez de lumières et de connoissances pour interroger un homme tel que lui, et pour ne pouvoir être satisfaite que par lui. Elle a souvent dit publiquement qu'elle se tenoit heureuse de vivre de son temps, et de le connoître. Dans combien d'autres siècles et dans combien d'autres nations auroit-il pu être placé sans y retrouver une princesse de Galles!

Il avoit composé un ouvrage de chronologie ancienne, qu'il ne songeoit point à publier; mais cette princesse à qui il en confia les vues principales, les trouva si neuves et si ingénieuses, qu'elle voulut avoir un précis de tout l'ouvrage, qui ne sortiroit jamais de ses mains, et qu'elle posséderoit seule. Elle le garde encore aujourd'hui avec tout ce qu'elle a de plus précieux. Il s'en échappa cependant une copie; il étoit difficile que la curiosité excitée par un morceau singulier de M. Newton, n'usât de toute son adresse pour pénétrer jusqu'à ce trésor, et il est vrai qu'il faudroit être bien sévère pour la condamner. Cette copie fut apportée en France par celui qui étoit assez heureux pour l'avoir, et l'estime qu'il en faisoit l'empêcha de la garder avec le dernier soin. Elle fut vue, traduite, et enfin imprimée.

Le point principal du système chronologique de M. Newton, tel qu'il paroît dans cet extrait qu'on a de lui, est de rechercher, en suivant avec beaucoup de subtilité quelques traces assez foibles de la plus ancienne astronomie grecque, quelle étoit au temps de Chiron le Centaure la position du colure des équinoxes par rapport aux étoiles fixes. Comme on sait aujourd'hui que ces étoiles ont un mouvement en longitude d'un degré en soixante-douze ans, si on sait une fois qu'au temps de Chiron le colure passoit par certaines fixes, on saura, en prenant leur distance à celles par où il passe aujourd'hui, combien de temps s'est écoulé depuis Chiron jusqu'à nous. Chiron étoit du fameux voyage des Argonautes, ce qui en fixera l'époque, et nécessairement ensuite celle de la guerre de Troie, deux grands événemens d'où dépend toute l'ancienne chronologie. M. Newton les met de cinq cents ans plus proches de l'ère chrétienne, que ne font ordinairement les autres chronologistes. Ce systême a été attaqué par deux savans François. On leur reproche en Angleterre de n'avoir pas attendu l'ouvrage entier, et de s'être pressés de critiquer. Mais cet empressement même ne fait-il pas honneur à M. Newton ? Ils se sont saisis le plus promptement qu'ils ont pu de la gloire d'avoir un pareil adversaire. Ils en vont trouver d'autres en sa place. Le célèbre M. Halley, premier astronome du roi de la Grande-Bretagne, a déjà écrit pour soutenir toute l'astronomique du systême ; son amitié pour l'illustre Mort, et ses grandes connoissances dans la matière doivent le rendre redoutable. Mais enfin la contestation n'est pas terminée ;

le public, peu nombreux, qui est en état de juger, ne l'a pas encore fait; et quand il arriveroit que les plus fortes raisons fussent d'un côté, et de l'autre le nom de M. Newton, peut-être ce public seroit-il quelque temps en suspens, et peut-être seroit-il excusable.

Dès que l'académie des sciences par le règlement de 1699 put choisir des associés étrangers, elle ne manqua pas de se donner M. Newton. Il entretint toujours commerce avec elle, en lui envoyant tout ce qui paroissoit de lui. C'étoient ses anciens travaux, ou qu'il faisoit réimprimer, ou qu'il donnoit pour la première fois. Depuis qu'il fut employé à la monnoie, ce qui étoit arrivé déjà quelque temps auparavant, il ne s'engagea plus dans aucune entreprise considérable de mathématiques ni de philosophie. Car quoique l'on pût compter pour une entreprise considérable la solution du fameux problème des tra-

jectoires, proposé aux Anglois comme un défi par M. Leibnitz pendant sa contestation avec eux, et recherché bien soigneusement pour l'embarras et la difficulté, ce ne fut presque qu'un jeu pour M. Newton. On assure qu'il reçut ce problème à quatre heures du soir, revenant de la monnoie fort fatigué, et ne se coucha point qu'il n'en fût venu à bout. Après avoir servi si utilement dans les connoissances spéculatives toute l'Europe savante, il servit uniquement sa patrie dans des affaires dont l'utilité étoit plus sensible et plus directe, plaisir touchant pour tout bon citoyen; mais tout le temps qu'il avoit libre, il le donnoit à la curiosité de son esprit, qui ne se faisoit point une gloire de dédaigner aucune sorte de connoissance, et savoit se nourrir de tout. On a trouvé de lui après sa mort quantité d'écrits sur l'antiquité, sur l'histoire, sur la théologie même, si éloignée des sciences par où il est connu. Il ne se permettoit ni de passer des momens oisifs sans s'occuper, ni de s'occuper légèrement et avec une foible attention.

Sa santé fut toujours ferme et égale jusqu'à l'âge de quatre-vingts ans, circonstance très-essentielle du rare bonheur dont il a joui. Alors il commença à être incommodé d'une incontinence d'urine; encore dans les cinq années suivantes qui précédèrent sa mort, eut-il de grands intervalles de santé, ou d'un état fort tolérable, qu'il se procuroit par le régime et par des attentions dont il n'avoit pas eu besoin jusques-là. Il fut obligé de se reposer de ses fonctions à la monnoie, sur M. Conduitt, qui avoit épousé une de ses nièces; il ne s'y résolut que parce qu'il étoit bien sûr de remettre en bonnes mains un dépôt si important et si délicat. Son jugement a été confirmé depuis sa mort par le choix du roi, qui a donné cette place à M. Conduit. M. Newton ne souffrit beaucoup que dans les derniers vingt jours de sa vie. On jugea sûrement qu'il avoit la pierre, et qu'il n'en pouvoit revenir. Dans des accès de douleur si violens, que les gouttes de sueur lui en couloient sur le visage, il ne poussa jamais un cri, ni ne donna aucun signe d'impatience; et dès qu'il avoit quelques momens de relâche, il sourioit et parloit avec sa gaieté ordinaire. Jusques-là il avoit toujours lu ou écrit plusieurs heures par jour. Il lut les gazettes le samedi 18 mars V. S. au matin, et parla long-temps avec le docteur Mead, médecin célèbre. Il possédoit parfaitement tous ses sens et tout son esprit; mais le soir il perdit absolument la connoissance, et ne la reprit plus, comme si les facultés de son ame n'avoient été sujettes qu'à s'éteindre totalement, et non pas à s'affoiblir. Il mourut le lundi suivant 20 mars, âgé de quatre-vingt-cinq ans.

Son corps fut exposé sur un lit de parade dans la chambre de Jérusalem, endroit d'où l'on porte au lieu de leur sépulture les personnes du plus haut rang, et quelquefois les têtes couronnées. On le porta dans l'abbaye de Westminster, le poile étant soutenu par milord grand-chancelier, par les ducs de Montrose et Roxburgh, et par les comtes de Pembrooke, de Sussex et de Maclesfield. Ces six pairs d'Angleterre qui firent cette fonction solemnelle, font assez juger quel nombre de personnes de distinction grossirent la pompe funèbre. L'évêque de Rochester fit le service, accompagné de tout le clergé de l'église. Le corps fut enterré près de l'entrée du chœur. Il faudroit presque remonter chez les anciens Grecs, si l'on vouloit trouver des exemples d'une aussi grande vénération pour le savoir. La famille de M. Newton imite encore la Grèce de plus près par un monument qu'elle lui fait élever, et auquel elle employe une somme considérable. Le doyen et le chapitre de Westminster ont permis qu'on le construise dans un endroit de l'abbaye, qui a souvent été refusé à la plus haute noblesse. La patrie et la famille ont fait éclater pour lui la même reconnoissance, que s'il les avoit choisies.

Il avoit la taille médiocre, avec un peu d'embonpoint dans ses dernières années, l'œil fort vif et fort perçant, la physionomie agréable et vénérable en même temps, principalement quand il ôtoit sa perruque, et laissoit voir une chevelure toute blanche, épaisse et bien fournie. Il ne se servit jamais de lunettes, et ne perdit qu'une seule dent pendant toute sa vie. Son nom doit justifier ces petits détails.

Il étoit né fort doux, et avec un grand amour pour la tranquillité. Il auroit mieux aimé être inconnu, que de voir le calme de sa vie troublé par ces orages littéraires, que l'esprit et la science attirent à ceux qui s'élèvent trop. On voit par une de ses lettres du *Commercium Epistolicum*, que son Traité d'Optique étant prêt à imprimer, des objections prématurées qui s'élevèrent, lui firent abandonner alors ce dessein. *Je me reprochois*, dit-il, *mon imprudence de perdre une chose aussi réelle que le repos, pour courir après une ombre*. Mais cette ombre ne lui a pas échappé dans la suite; il ne lui en a pas coûté son repos qu'il estimoit tant, et elle a eu pour lui autant de réalité que ce repos même.

Un caractère doux promet naturellement de la modestie, et on atteste que la sienne s'est toujours conservée sans altération, quoique tout le monde fût conjuré contre elle. Il ne parloit jamais ou de lui, ou des autres; il n'agissoit jamais, d'une manière à faire soupçonner aux observateurs les plus malins le moindre sentiment de vanité. Il est vrai qu'on lui épargnoit assez le soin de se faire valoir ; mais combien d'autres n'auroient pas laissé de prendre encore un soin dont on se charge si volontiers, et dont il est si difficile de se reposer sur personne? Combien de grands hommes généralement applaudis ont gâté le concert de leurs louanges en y mêlant leurs voix !

Il étoit simple, affable, toujours de niveau avec tout le monde. Les génies du premier ordre ne méprisent point ce qui est au-dessous d'eux, tandis que les autres méprisent même ce qui est au-dessus. Il ne se croyoit dispensé ni par son mérite, ni par sa réputation, d'aucun des devoirs du commerce ordinaire de la vie; nulle singularité ni naturelle, ni affectée; il savoit n'être, dès qu'il le falloit, qu'un homme du commun.

Quoiqu'il fût attaché à l'église anglicane, il n'eût pas persécuté les non-conformistes pour les y ramener. Il jugeoit les hommes par les mœurs, et les vrais non-conformistes étoient pour lui les vicieux et les méchans. Ce n'est pas cependant qu'il s'en tînt à la religion naturelle, il étoit persuadé de la révélation, et parmi les livres de toute espèce, qu'il avoit sans cesse entre les mains, celui qu'il lisoit le plus assidûment étoit la Bible.

L'abondance où il se trouvoit, et par un grand patrimoine, et par son emploi, augmentée encore par la sage simplicité de sa vie, ne lui offroit pas inutilement les moyens de faire du bien. Il ne croyoit pas que donner par son testament, ce fût donner : aussi n'a-t-il point laissé de testament, et il s'est dépouillé toutes les fois qu'il a fait des libéralités, ou à ses parens, ou à ceux qu'il savoit dans quelque besoin. Les bonnes actions qu'il a faites dans l'une et l'autre espèce, n'ont été ni rares, ni peu considérables. Quand la bienséance exigeoit de lui, en certaines occasions, de la dépense et de l'appareil, il étoit magnifique sans aucun regret, et de très-bonne grace. Hors de là, tout ce faste, qui ne paroît quelque chose de grand qu'aux petits caractères, étoit sévèrement retranché, et les fonds réservés à des usages plus solides. Ce seroit effectivement un prodige qu'un esprit accoutumé aux réflexions, nourri de raisonnemens, et en même temps amoureux de cette vaine magnificence.

Il ne s'est point marié, et peut-être n'a-t-il pas eu le loisir d'y penser jamais, abîmé d'abord dans des études profondes et continuelles pendant la force de l'âge, occupé ensuite d'une charge importante, et même de sa grande considération, qui ne lui laissoit sentir ni vide dans sa vie, ni besoin d'une société domestique.

Il a laissé en biens-meubles environ 32,000 livres sterling, c'est-à-dire sept cent mille livres de notre monnoie. M. Leibnitz, son concurrent, mourut riche aussi, quoique beaucoup moins, et avec une somme de réserve assez considérable. Ces exemples rares, et tous deux étrangers, semblent mériter qu'on ne les oublie pas.

ÉLOGE
DE
M. DE TOURNEFORT.

Joseph Pitton de Tournefort, naquit à Aix en Provence, le 5 juin 1656, de Pierre Pitton, écuyer, seigneur de Tournefort, et d'Aimare de Fagoue, d'une famille noble de Paris.

On le mit au collége des Jésuites d'Aix; mais quoiqu'on l'appliquât uniquement, comme tous les autres écoliers, à l'étude du latin, dès qu'il vit des plantes, il se sentit botaniste; il vouloit savoir leurs noms; il remarquoit soigneusement leurs différences, et quelquefois il manquoit à sa classe, pour aller herboriser à la campagne, et pour étudier la nature, au lieu de la langue des anciens Romains. La plupart de ceux qui ont excellé en quelque genre, n'y ont point eu de maître; il apprit de lui-même en peu de temps à connoître les plantes des environs de sa ville.

Quand il fut en philosophie, il prit peu de goût pour celle qu'on lui enseignoit. Il n'y trouvoit point la nature qu'il se plaisoit tant à observer, mais des idées vagues et abstraites, qui se jettent, pour ainsi dire, à côté des choses, et n'y touchent point. Il découvrit dans le cabinet de son père la philosophie de Descartes, peu fameuse alors en Provence, et la reconnut aussitôt pour celle qu'il cherchoit. Il ne pouvoit jouir de cette lecture que par surprise et à la dérobée, mais c'étoit avec d'autant plus d'ardeur; et ce père qui s'opposoit à une étude si utile, lui donnoit, sans y penser, une excellente éducation.

Comme il le destinoit à l'église, il le

fit étudier en théologie, et le mit même dans un séminaire. Mais la destination naturelle prévalut. Il falloit qu'il vît des plantes; il alloit faire ses études chéries, ou dans un jardin assez curieux qu'avoit un apothicaire d'Aix, ou dans les campagnes voisines, ou sur la cime des rochers; il pénétroit par adresse ou par présens dans tous les lieux fermés, où il pouvoit croire qu'il y avoit des plantes qui n'étoient pas ailleurs; si ces sortes de moyens ne réussissoient pas, il se résolvoit plutôt à y entrer furtivement, et un jour il pensa être accablé de pierres par des paysans qui le prenoient pour un voleur.

Il n'avoit guère moins de passion pour l'anatomie et pour la chimie, que pour la botanique. Enfin, la physique et la médecine le revendiquèrent avec tant de force sur la théologie, qui s'én étoit mise injustement en possession, qu'il fallut qu'elle le leur abandonnât. Il étoit encouragé par l'exemple d'un oncle paternel qu'il avoit, médecin fort habile et fort estimé, et la mort de son père arrivée en 1677, le laissa entièrement maître de suivre son inclination.

Il profita aussitôt de sa liberté, et parcourut, en 1678, les montagnes de Dauphiné et de Savoie, d'où il rapporta quantité de belles plantes sèches, qui commencèrent son herbier.

La botanique n'est pas une science sédentaire et paresseuse, qui se puisse acquérir dans le repos et dans l'ombre d'un cabinet, comme la géométrie et l'histoire, ou qui, tout au plus, comme la chimie, l'anatomie et l'astronomie, ne demande que des opérations d'assez peu de mouvement. Elle veut que l'on coure les montagnes et les forêts, que l'on gravisse contre des rochers escarpés, que l'on s'expose aux bords des précipices. Les seuls livres qui peuvent nous instruire à fond dans cette matière, ont été jetés au hasard sur toute la surface de la terre, et il faut se résoudre à la fatigue et au péril de les chercher et de les ramasser. De là vient aussi qu'il est si rare d'exceller dans cette science; le degré de passion qui suffit pour faire un savant d'une autre espèce, ne suffit pas pour faire un grand botaniste, et avec cette passion même, il faut encore une santé qui puisse la suivre, et une force de corps qui y réponde. M. de Tournefort étoit d'un tempérament vif, laborieux, robuste; un grand fond de gaieté naturelle le soutenoit dans le travail, et son corps aussi bien que son esprit avoit été fait pour la botanique.

En 1679, il partit d'Aix pour Montpellier, où il se perfectionna beaucoup dans l'anatomie et dans la médecine. Un jardin des plantes établi en cette ville par Henri IV, ne pouvoit pas, quelque riche qu'il fût, satisfaire sa curiosité; il courut tous les environs de Montpellier à plus de dix lieues, et en rapporta des plantes inconnues aux gens même du pays. Mais ces courses étoient encore trop bornées ; il partit de Montpellier pour Barcelonne, au mois d'avril 1681 ; il passa, jusqu'à la St. Jean, dans les montagnes de Catalogne, où il étoit suivi par les médecins du pays, et par les jeunes étudians en médecine, à qui il démontroit les plantes. On eût dit presque qu'il imitoit les anciens gymnosophistes, qui menoient leurs disciples dans les déserts où ils tenoient leur école.

Les hautes montagnes des Pyrénées étoient trop proches pour ne le pas tenter. Cependant il savoit qu'il ne trouveroit dans ces vastes solitudes qu'une subsistance pareille à celle des plus austères anachorètes, et que les malheureux habitans qui la lui pouvoient fournir, n'étoient pas en plus grand nombre que les voleurs qu'il avoit à craindre. Aussi fut-il plusieurs fois dépouillé par les miquelets espagnols. Il avoit imaginé un stratagème pour leur dérober un peu d'argent dans ces sortes d'occasions. Il enfermoit des réaux dans du pain qu'il portoit sur lui, et qui étoit si noir et si dur, que quoiqu'ils le volassent fort exactement, et ne fussent pas gens à rien dédaigner, ils le lui laissoient avec mépris. Son inclination dominante lui faisoit tout surmonter; ces rochers affreux et presque inaccessibles, qui l'environnoient de toutes parts, s'étoient changés pour lui en une magnifique bibliothèque, où il avoit le plaisir de trouver tout ce que sa curiosité demandoit, et où il passoit des journées délicieuses. Un jour, une méchante cabane où il couchoit tomba tout-à-coup; il fut deux heures enseveli sous les ruines, et y auroit péri, si l'on eût tardé encore quelque temps à le retirer.

Il revint à Montpellier à la fin de 1681, et de là il alla chez lui à Aix, où il rangea dans son herbier toutes les plantes qu'il avoit ramassées de Provence, de Languedoc, de Dauphiné, de Catalogne, des Alpes et des Pyrénées. Il n'appartient pas à tout le monde de comprendre que le plaisir de les voir en grand nombre, bien entières, bien conservées, disposées selon un bel ordre dans de grands livres de papier blanc, le payoit suffisamment de tout ce qu'elles lui avoient coûté.

Heureusement pour les plantes, M. Fagon, alors premier médecin de la feue reine, s'y étoit toujours attaché, comme à une partie des plus curieuses de la physique, et des plus essentielles de la médecine; et il favorisoit la botanique de tout le pouvoir que lui donnoient sa place et son mérite. Le nom de M. de Tournefort vint à lui de tant d'endroits différens, et toujours avec tant d'uniformité, qu'il eut envie de l'attirer à Paris, rendez-vous général de presque tous les grands talens répandus dans les provinces. Il s'adressa pour cela à madame de Venelle, sous-gouvernante des enfans de France, qui connoissoit beaucoup toute la famille de M. de Tournefort. Elle lui persuada donc de venir à Paris, et en 1683, elle le présenta à M. Fagon, qui, dès la même année, lui procura la place de professeur en botanique au Jardin Royal des Plantes, établi à Paris par Louis XIII, pour l'instruction des jeunes étudians en médecine.

Cet emploi ne l'empêcha pas de faire différens voyages. Il retourna en Espagne, et alla jusqu'en Portugal. Il vit des plantes, mais presque sans aucun botaniste. En Andalousie, qui est un pays fécond en palmiers, il voulut vérifier ce que l'on dit depuis si long-temps des amours du mâle et de la femelle de cette espèce; mais il n'en put rien apprendre de certain, et ces amours si anciennes, en cas qu'elles soient, sont encore mystérieuses. Il alla aussi en Hollande et en Angleterre, où il vit et des plantes, et plusieurs grands botanistes, dont il gagna facilement l'estime et l'amitié. Il n'en faut point d'autre preuve, que l'envie qu'eut M. Hermann, célèbre professeur en botanique à Leyde, de lui résigner sa place, parce qu'il étoit déjà fort âgé. Il lui en écrivit au commencement de la dernière guerre avec beaucoup d'instance, et le zèle qu'il avoit pour la science qu'il professoit, lui faisoit choisir un successeur, non-seulement étranger, mais d'une nation ennemie. Il promettoit à M. de Tournefort une pension de 4000 livres de Messieurs les Etats-Généraux, et lui faisoit espérer une augmentation, quand il seroit encore mieux connu. La pension attachée à sa place du Jardin Royal étoit fort modique; cependant l'amour de son pays lui fit refuser des offres si utiles et si flatteuses. Il s'y joignit encore une autre raison, qu'il disoit à ses amis, c'est qu'il trouvoit que les sciences étoient ici pour le moins à un aussi haut degré de perfection, qu'en aucun autre pays. La patrie d'un savant ne seroit pas sa véritable patrie, si les sciences n'y étoient florissantes.

La sienne ne fut pas ingrate. L'académie des sciences ayant été mise, en 1692, sous l'inspection de M. l'abbé Bignon, un des premiers usages qu'il fit de son autorité, deux mois après qu'il en fut revêtu, fut de faire entrer dans cette compagnie M. de Tournefort et M. Homberg, qu'il ne connoissoit ni l'un ni l'autre que par le nom qu'ils s'étoient fait. Après qu'ils eurent été agréés par le roi sur son témoignage, il les présenta tous deux ensemble à l'académie, deux premiers nés, pour ainsi dire, dignes de l'être d'un tel père, et d'annoncer toute la famille spirituelle qui les a suivis.

En 1694 parut le premier ouvrage de M. de Tournefort, intitulé: *Élémens de Botanique*, ou *Méthode pour connoître les Plantes*, imprimé au Louvre en trois volumes. Il est fait pour mettre de l'ordre dans ce nombre prodigieux de plantes, semées si confusément sur la terre, et même sous les eaux de la mer, et pour les distribuer en genres et en espèces, qui en facilitent la connoissance, et empêchent que la mémoire des botanistes ne soit accablée sous le poids d'une infinité de noms différens. Cet ordre si nécessaire n'a point été établi par la nature, qui a préféré une confusion magnifique à la commodité des physiciens, et c'est à eux à mettre, presque malgré elle, de l'arrangement et un système dans les Plantes. Puisque ce ne peut être qu'un ouvrage de leur esprit, il est aisé de prévoir qu'ils se partageront, et que même quelques-uns ne voudront point de système. Celui que M. de

Tournefort a préféré après une longue et savante discussion, consiste à régler les genres des plantes par les fleurs et par les fruits pris ensemble ; c'est-à-dire, que toutes les plantes semblables par ces deux parties seront du même genre, après quoi les différences ou de la racine, ou de la tige, ou des feuilles, feront leurs différentes espèces. M. de Tournefort a été même plus loin ; au-dessus des genres, il a mis des classes qui ne se règlent que par les fleurs, et il est le premier qui ait eu cette pensée, beaucoup plus utile à la botanique qu'on ne se l'imagineroit d'abord ; car il ne trouve jusqu'ici que quatorze figures différentes de fleurs qu'il faille s'imprimer dans la mémoire ; ainsi, quand on a entre les mains une plante en fleur, dont on ignore le nom, on voit aussitôt à quelle classe elle appartient dans le livre des élémens de botanique ; quelques jours après la fleur paroît le fruit, qui détermine le genre dans ce même livre, et les autres parties donnent l'espèce, de sorte que l'on trouve en un moment; et le nom que M. de Tournefort lui donne par rapport à son système, et ceux que d'autres botanistes des plus fameux lui ont donnés, ou par rapport à leurs systèmes particuliers, ou sans aucun système. Par là on est en état d'étudier cette plante dans les auteurs qui en ont parlé, sans craindre de lui attribuer ce qu'ils auront dit d'une autre, ou d'attribuer à une autre ce qu'ils auront dit de celle-là. C'est un prodigieux soulagement pour la mémoire, que tout se réduise à retenir quatorze figures de fleurs, par le moyen desquelles on descend à six cent soixante-treize genres, qui comprennent sous eux huit mille huit cent quarante-six espèces de plantes, soit de terre, soit de mer, connues jusqu'au temps de ce livre. Que seroit-ce s'il falloit connoître immédiatement ces huit mille huit cent quarante-six espèces, et cela sous tous les noms différens qu'il a plu aux botanistes de leur imposer?

Il parut être fort approuvé des physiciens, c'est-à-dire (et cela ne doit jamais s'entendre autrement), du plus grand nombre des physiciens. Il fut attaqué sur quelques points par M. Ray, célèbre botaniste et physicien anglais, auquel M. de Tournefort répondit, en 1697, par une Dissertation latine adressée à M. Sherard, autre Anglais habile dans la même science. La dispute fut sans aigreur, et même assez polie de part et d'autre ; ce qui est assez à remarquer. On dira peut-être que le sujet ne valoit guère la peine qu'on s'échauffât ; car de quoi s'agissoit-il ? De savoir si les fleurs et les fruits suffisoient pour établir les genres, si une certaine plante étoit d'un genre ou d'un autre. Mais on doit tenir compte aux hommes, et plus particulièrement aux savans, de ne s'échauffer pas beaucoup sur de légers sujets. M. de Tournefort, dans un ouvrage postérieur à la dispute, a donné de grands éloges à M. Ray, et même sur son système des plantes.

Il se fit recevoir docteur en médecine de la Faculté de Paris; et en 1698, il publia un livre intitulé : *Histoire des Plantes, qui naissent aux environs de Paris, avec leur usage dans la médecine.* Il est facile de juger que celui qui avoit été chercher des plantes sur les sommets des Alpes et des Pyrénées, avoit diligemment herborisé dans tous les environs de Paris, depuis qu'il y faisoit son séjour. La botanique ne seroit qu'une simple curiosité, si elle ne se rapportoit à la médecine ; et quand on veut qu'elle soit utile, c'est la botanique de son pays qu'on doit le plus étudier, non que la nature ait été aussi soigneuse qu'on le dit quelquefois de mettre dans chaque pays les plantes qui devoient convenir aux maladies des habitans, mais parce qu'il est plus commode d'employer ce qu'on a sous sa main, et que souvent ce qui vient de loin n'en vaut pas mieux. Dans cette histoire des plantes des environs de Paris, M. de Tournefort rassemble, outre leurs différens noms, et leurs descriptions, les analyses chimiques que l'académie en avoit faites, et leurs vertus les mieux prouvées. Ce livre seul répondroit suffisamment aux reproches que l'on fait quelquefois aux médecins de n'aimer pas les remèdes tirés des simples, parce qu'ils sont trop faciles et d'un effet trop prompt. Certainement M. de Tournefort en produit ici un grand nombre; cependant ils sont la plupart assez négligés, et il semble qu'une certaine fatalité ordonne qu'on les désirera beaucoup, et qu'on s'en servira peu.

On peut compter parmi les ouvrages de

M. de Tournefort, un livre, ou du moins une partie d'un livre, qu'il n'a pourtant pas fait imprimer. Il porte pour titre: *Schola Botanica, sive Catalogus Plantarum, quas ab aliquot annis in horto regio Parisiensi studiosis indigitavit vir clarissimus Josephus Pitton de Tournefort, doctor medicus, ut et Pauli Hermanni Paradisi Batavi, Prodromus,* etc. *Amstelodami*, 1699. Un Anglais, nommé M. Simon Warton, qui avoit étudié trois ans en botanique au Jardin du Roi, sous M. de Tournefort, fit ce catalogue des plantes qu'il y avoit vues.

Comme les élémens de botanique avoient eu tout le succès que l'auteur même pouvoit désirer, il en donna, en 1700, une traduction latine en faveur des étrangers, et plus ample, sous le titre de *Institutiones Rei Herbariæ*, en trois volumes in-4°, dont le premier contient les noms des plantes distribuées selon le système de l'auteur, et les deux autres leurs figures très-bien gravées. A la tête de cette traduction est une grande Préface ou *Introduction à la Botanique*, qui contient, avec les principes du système de M. de Tournefort, ingénieusement et solidement établis, une histoire de la botanique et des botanistes, recueillie avec beaucoup de soin, et agréablement écrite. On n'aura pas de peine à s'imaginer qu'il s'occupoit avec plaisir de tout ce qui avoit rapport à l'objet de son amour.

Cet amour cependant n'étoit pas si fidèle aux plantes, qu'il ne se portât presque avec la même ardeur à toutes les autres curiosités de la physique, pierres figurées, marcassites rares, pétrifications et cristallisations extraordinaires, coquillages de toutes les espèces. Il est vrai que, du nombre de ces sortes d'infidélités, on en pourroit excepter son goût pour les pierres, car il croyoit que c'étoient des plantes qui végétoient, et qui avoient des graines ; il étoit même assez disposé à étendre ce système jusqu'aux métaux, et il semble qu'autant qu'il pouvoit, il transformoit tout en ce qu'il aimoit le mieux. Il ramassoit aussi des habillemens, des armes, des instrumens de nations éloignées, autres sortes de curiosités, qui, quoiqu'elles ne soient pas sorties immédiatement des mains de la nature, ne laissent pas de devenir philosophiques, pour qui sait philosopher. De tout cela ensemble il s'étoit fait un cabinet superbe pour un particulier, et fameux dans Paris ; les curieux l'estimoient 45 ou 50,000 livres. Ce seroit une tache, dans la vie d'un philosophe, qu'une si grande dépense, si elle avoit eu tout autre objet. Elle prouve que M. de Tournefort, dans une fortune aussi bornée que la sienne, n'avoit pu guère donner à des plaisirs plus frivoles, et cependant beaucoup plus recherchés.

Avec toutes les qualités qu'il avoit, on peut juger aisément combien il étoit propre à être un excellent voyageur; car j'entends ici, par ce terme, non ceux qui voyagent simplement, mais ceux en qui se trouvent et une curiosité fort étendue, qui est assez rare, et un certain don de bien voir, plus rare encore. Les philosophes ne courent guère le monde, et ceux qui le courent ne sont ordinairement guère philosophes, et par-là un voyage de philosophe est extrêmement précieux. Aussi nous comptons que ce fut un bonheur pour les sciences, que l'ordre que M. de Tournefort reçut du roi en 1700, d'aller en Grèce, en Asie et en Afrique, non-seulement pour y reconnoître les plantes des anciens, et peut-être aussi celles qui leur auront échappé, mais encore pour y faire des observations sur toute l'histoire naturelle, sur la géographie ancienne et moderne, et même sur les mœurs, la religion et le commerce des peuples. Nous ne répéterons point ici ce que nous avons dit ailleurs sur ce sujet; il eut ordre d'écrire, le plus souvent qu'il pourroit, à M. le comte de Pontchartrain, qui lui procuroit tous les agrémens possibles dans son voyage, et de l'informer en détail de ses découvertes et de ses aventures.

M. de Tournefort, accompagné de M. de Gundelsheimer, Allemand, excellent médecin, et de M. Aubriet, habile peintre, alla jusqu'à la frontière de Perse, toujours herborisant et observant. Les autres voyageurs vont par mer le plus qu'ils peuvent, parce que la mer est plus commode, et sur terre ils prennent les chemins les plus battus. Ceux-ci n'alloient par mer que le moins qu'il étoit possible; ils étoient toujours hors des chemins, et s'en faisoient de nouveaux dans des lieux impraticables. On ne peut lire sans un plaisir mêlé d'horreur, le récit de leur descente dans la grotte d'Antiparos, c'est-à-dire dans trois ou quatre abîmes affreux qui se succèdent les uns aux autres. M. de Tournefort eut la sensible joie d'y voir une nouvelle espèce de jardin, dont toutes les plantes étoient différentes pièces de marbre, encore naissantes ou jeunes, et qui, selon toutes les circonstances dont leur formation étoit accompagnée, n'avoient pu que végéter. En vain la nature s'étoit cachée dans des lieux si profonds et si inaccessibles pour travailler à la végétation des pierres, elle fut, pour ainsi dire, prise sur le fait par des curieux si hardis.

L'Afrique étoit comprise dans le dessein du voyage de M. de Tournefort; mais la peste, qui étoit en Egypte, le fit revenir de Smyrne en France, en 1702. Ce fut là le premier obstacle qui l'eût arrêté. Il arriva, comme l'a dit un grand poëte, pour une occasion plus brillante et moins utile, *chargé des dé-*

pouilles de l'Orient. Il rapportoit, outre une infinité d'observations différentes, treize cent cinquante-six nouvelles espèces de plantes, dont une grande partie venoient se ranger d'elles-mêmes sous quelqu'un des six cent soixante-treize genres qu'il avoit établis; il ne fut obligé de créer, pour tout le reste, que vingt-cinq nouveaux genres, sans aucune augmentation des classes, ce qui prouve la commodité d'un système, où tant de plantes étrangères, et que l'on n'attendoit point, entroient si facilement. Il en fit son *Corollarium Institutionum Rei Herbariæ*, imprimé en 1703.

Quand il fut revenu à Paris, il songea à reprendre la pratique de la médecine, qu'il avoit sacrifiée à son voyage du Levant, dans le temps qu'elle commençoit à lui réussir beaucoup. L'expérience fait voir qu'en tout ce qui dépend d'un certain goût du public, et surtout en ce genre-là, les interruptions sont dangereuses; l'approbation des hommes est quelque chose de forcé, et qui ne demande qu'à finir. M. de Tournefort eut donc quelque peine à renouer le fil de ce qu'il avoit quitté; d'ailleurs, il falloit qu'il s'acquittât de ses anciens exercices du Jardin Royal; il y joignit encore ceux du collége royal, où il eut une place de professeur en médecine; les fonctions de l'académie lui demandoient aussi du temps; enfin il voulut travailler à la relation de son grand voyage, dont il n'avoit rapporté que de simples mémoires informés et intelligibles pour lui seul. Les courses et les travaux du jour, qui lui rendoient le repos de la nuit plus nécessaire, l'obligeoient au contraire à passer la nuit dans d'autres travaux, et malheureusement il étoit d'une forte constitution, qui lui permettoit de prendre beaucoup sur lui pendant un assez long-temps, sans en être sensiblement incommodé.

Mais à la fin, sa santé vint à s'altérer, et cependant il ne la ménagea pas davantage. Lorsqu'il étoit dans cette mauvaise disposition, il reçut par hasard un coup fort violent dans la poitrine, dont il jugea bientôt qu'il mourroit. Il ne fit plus que languir pendant quelques mois, et il mourut le 28 décembre 1708.

Il avoit fait un testament, par lequel il a laissé son cabinet de curiosités au roi, pour l'usage des savans, et ses livres de botanique à M. l'abbé Bignon. Ce second article ne marque pas moins que le premier son amour pour les sciences; c'est leur faire un présent que d'en faire un à celui qui veille pour elles dans ce royaume avec tant d'application, et les favorise avec tant de tendresse.

Des deux volumes in-4°. qui forment la relation du voyage de M. de Tournefort, le premier étoit déjà imprimé au Louvre quand il mourut. Le second a été imprimé sur le manuscrit de l'auteur, qui a été trouvé dans un état où il n'y avoit rien à désirer. On trouvera dans cet ouvrage qui a conservé sa première forme de lettres adressées à M. de Pontchartrain, outre tout le savoir que nous avons représenté jusqu'ici dans M. de Tournefort, une grande connoissance de l'histoire ancienne et moderne, et une vaste érudition dont nous n'avons point parlé, tant nos Éloges sont éloignés d'être flatteurs. Souvent une qualité dominante nous en fait négliger d'autres, qui mériteroient cependant d'être relevées.

ÉLOGE
DE M. LE MARÉCHAL
DE VAUBAN.

Sébastien le Prestre, chevalier, seigneur de Vauban, Bazoches, Pierre-Pertuis, Pouilly, Cervon, la Chaume, Epiry, le Creuset, et autres lieux, Maréchal de France, chevalier des ordres du roi, commissaire général des fortifications, grand croix de l'ordre de St.-Louis, et gouverneur de la citadelle de Lille, naquit le premier jour de mai 1633, d'Urbain le prêtre, et d'Aimée de Carmagnol. Sa famille est d'une bonne noblesse du Nivernois, et elle possède la seigneurie de Vauban depuis plus de 250 ans.

Son père qui n'étoit qu'un cadet, et qui de plus s'étoit ruiné dans le service, ne lui laissa qu'une bonne éducation, et un mousquet. A l'âge de 17 ans, c'est-à-dire en 1651, il entra dans le régiment de Condé, compagnie d'Arcenai. Alors feu M. le prince étoit dans le parti des Espagnols.

Les premières places fortifiées qu'il vit le firent ingénieur, par l'envie qu'elles lui donnèrent de le devenir. Il se mit à étudier avec ardeur la géométrie, et principalement la trigonométrie, et le toisé, et dès l'an 1652 il fut employé aux fortifications de Clermont en Lorraine. La même année il servit au premier siège de Ste.-Menehoult, où il fit quelques logemens, et passa une rivière à la nage sous le feu des ennemis pendant l'assaut, action qui lui attira de ses supérieurs beaucoup de louanges et de caresses.

En 1653 il fut pris par un parti français. M. le cardinal Mazarin le crut digne dès-lors qu'il tâchât de l'engager au service du roi, et il n'eut pas de peine à réussir avec un homme, né le plus fidèle sujet du monde. En cette même année, M. de Vauban servit d'ingénieur en second sous le chevalier de Clerville au second siège de Sainte-Menehoult, qui fut reprise par le roi, et ensuite il fut chargé du soin de faire réparer les fortifications de la place.

Dans les années suivantes, il fit les fonctions d'ingénieur aux sièges de Stenai, de Clermont, de Landrecy, de Condé, de Saint-Guilain, de Valenciennes. Il fut dangereusement blessé à Stenai et à Valenciennes, et n'en servit presque pas moins. Il reçut encore trois blessures au siège de Montmédi en 1657; et comme la gazette en parla, on apprit dans son pays ce qu'il étoit devenu; car depuis six ans qu'il en étoit parti, il n'y étoit point retourné, et n'y avoit écrit à personne, et ce fut-là la seule manière dont il y donna de ses nouvelles.

M. le Maréchal de la Ferté, sous qui il servoit alors, et qui l'année précédente lui avoit fait présent d'une compagnie dans son régiment, lui en donna encore une dans un autre régiment, pour lui tenir lieu de pension, et lui prédit hautement que si la guerre pouvoit l'épargner, il parviendroit aux premières dignités.

En 1658 il conduisit en chef les attaques des sièges de Gravelines, d'Ypres et d'Oudenarde. M. le cardinal Mazarin, qui n'accordoit pas les gratifications sans sujet, lui en donna une assez honnête, et l'accompagna de louanges, qui, selon le caractère de M. de Vauban, le payèrent beaucoup mieux.

Il nous suffit d'avoir représenté avec quelque détail ces premiers commencemens, plus remarquables que le reste dans une vie illustre, quand la vertu dénuée de tout secours étranger a eu besoin de se faire jour à elle-même. Désormais M. de Vauban est connu, et son histoire devient une partie de l'histoire de France.

Après la paix des Pyrénées, il fut occupé ou à démolir des places, ou à en construire. Il avoit déjà quantité d'idées nouvelles sur l'art de fortifier, peu connu jusque-là. Ceux qui l'avoient pratiqué, ou qui en avoient écrit s'étoient attachés servilement à certaines règles établies, quoique peu fondées, et à des espèces de superstitions, qui dominent toujours long-temps en chaque genre, et ne disparoissent qu'à l'arrivée de quelque génie supérieur. D'ailleurs ils n'avoient point vu de sièges, ou n'en avoient pas assez vu ; leurs méthodes de fortifier n'étoient tournées que par rapport à certains cas particuliers qu'ils connoissoient, et ne s'étendoient point à tout le reste. M. de Vauban avoit déjà beaucoup vu, et avec de bons yeux ; il augmentoit sans cesse son expérience par la lecture de tout ce qui avoit été écrit sur la guerre ; il sentoit en lui ce qui produit les heureuses nouveautés, ou plutôt ce qui force à les produire ; et enfin il osa se déclarer inventeur dans une matière si périlleuse, et le fut toujours jusqu'à la fin. Nous n'entrerons point dans le détail de ce qu'il inventa, il seroit trop long, et toutes les places fortes du royaume doivent nous l'épargner.

Quand la guerre recommença en 1667, il eut la principale conduite des sièges que le roi fit en personne. S. M. voulut bien faire voir qu'il étoit de sa prudence de s'en assurer ainsi le succès. Il reçut au siège de Douai un coup de mousquet à la joue, dont il a toujours porté la marque. Après le siège de Lille qu'il prit sous les ordres du roi en neuf jours de tranchée ouverte, il eut une gratification considérable, beaucoup plus nécessaire pour contenter l'inclination du maître, que celle du sujet. Il en a reçu encore en différentes occasions un grand nombre, et toujours plus fortes ; mais pour mieux entrer dans son caractère, nous ne parlerons plus de ces sortes de récompenses, qui n'en étoient presque pas pour lui.

Il fut occupé en 1668 à faire des projets de fortifications pour les places de la Franche-Comté, de Flandres, et d'Artois. Le roi lui donna le gouvernement de la citadelle de Lille, qu'il venoit de construire, et ce fut le premier gouvernement de cette nature en France. Il ne l'avoit point demandé ; et il importe, et à la gloire du roi, et à la sienne, que l'on sache que de toutes les graces qu'il a jamais reçues, il n'en a demandé aucune, à la réserve de celles qui n'étoient pas pour lui. Il est vrai que le nombre en a été si grand qu'elles épuisoient le droit qu'il avoit de demander.

La paix d'Aix-la-Chapelle étant faite,

il n'en fut pas moins occupé. Il fortifia des places en Flandres, en Artois, en Provence, en Roussillon, ou du moins fit des dessins qui ont été depuis exécutés. Il alla même en Piémont avec M. de Louvois, et donna à M. le duc de Savoye des dessins pour Verrue, Verceil et Turin. A son départ, S. A. R. lui fit présent de son portrait enrichi de diamans. Il est le seul homme de guerre pour qui la paix ait toujours été aussi laborieuse que la guerre même.

Quoique son emploi ne l'engageât qu'à travailler à la sûreté des frontières, son amour pour le bien public lui faisoit porter ses vues sur les moyens d'augmenter le bonheur du dedans du royaume. Dans tous ses voyages, il avoit une curiosité dont ceux qui sont en place ne sont communément que trop exempts. Il s'informoit avec soin de la valeur des terres, de ce qu'elles rapportoient, de la manière de les cultiver, des facultés des paysans, de leur nombre, de ce qui faisoit leur nourriture ordinaire, de ce que leur pouvoit valoir en un jour le travail de leurs mains, détails méprisables et abjects en apparence, et qui appartiennent cependant au grand art de gouverner. Il s'occupoit ensuite à imaginer ce qui auroit pu rendre le pays meilleur, des grands chemins, des ponts, des navigations nouvelles, projets dont il n'étoit pas possible qu'il espérât une entière exécution, espèces de songes, si l'on veut, mais qui du moins, comme la plupart des véritables songes, marquoient l'inclination dominante. Je sais tel intendant de province qu'il ne connoissoit point, et à qui il a écrit pour le remercier d'un nouvel établissement utile, qu'il avoit vu en voyageant dans son département. Il devenoit le débiteur particulier de quiconque avoit obligé le public.

La guerre qui commença en 1672,

lui fournit une infinité d'occasions glorieuses, surtout dans ce grand nombre de sièges que le roi fit en personne, et que M. de Vauban conduisit tous. Ce fut à celui de Maëstricht en 1673 qu'il commença à se servir d'une méthode singulière pour l'attaque des places, qu'il avoit imaginée par une longue suite de réflexions, et qu'il a depuis toujours pratiquée. Jusque là il n'avoit fait que suivre avec plus d'adresse et de conduite les règles déjà établies, mais alors il en suivit d'inconnues, et fit changer de face à cette importante partie de la guerre. Les fameuses parallèles et les places d'armes parurent au jour; depuis ce temps, il a toujours inventé sur ce sujet, tantôt les cavaliers de tranchée, tantôt un nouvel usage des sapes et des demi-sapes, tantôt les batteries en ricochet; et par-là il avoit porté son art à une telle perfection, que le plus souvent, ce qu'on n'auroit jamais osé espérer, devant les places les mieux défendues, il ne perdoit pas plus de monde que les assiégés.

C'étoit là son but principal, la conservation des hommes. Non-seulement l'intérêt de la guerre, mais aussi son humanité naturelle les lui rendoit chers. Il leur sacrifioit toujours l'éclat d'une conquête plus prompte, et une gloire assez capable de séduire; et ce qui est encore plus difficile, quelquefois il résistoit en leur faveur à l'impatience des généraux, et s'exposoit aux redoutables discours du courtisan oisif. Aussi les soldats lui obéissoient-ils avec un entier dévouement, moins animés encore par l'extrême confiance qu'ils avoient à sa capacité, que par la certitude et la reconnoissance d'être ménagés autant qu'il étoit possible.

Pendant toute la guerre que la paix de Nimègue termina, sa vie fut une action continuelle et très-vive : former des desseins de sièges, conduire tous ceux qui furent faits, du moins dès qu'ils étoient de quelque importance ; réparer les places qu'il avoit prises, et les rendre plus fortes ; visiter toutes les frontières, fortifier tout ce qui pouvoit être exposé aux ennemis, se transporter dans toutes les armées, et souvent d'une extrémité du royaume à l'autre.

Il fut fait brigadier d'infanterie en 1664, Maréchal de camp en 1676, et en 1678, commissaire général des fortifications de France, charge qui vaquoit par la mort de M. le chevalier de Clerville. Il se défendit d'abord de l'accepter ; il en craignoit ce qui l'auroit fait désirer à tout autre, les grandes relations qu'elle lui donnoit avec le ministère. Cependant le roi l'obligea d'autorité à prendre la charge, et il faut avouer que malgré toute sa droiture il n'eut pas lieu de s'en repentir. La vertu ne laisse pas de réussir quelquefois, mais ce n'est qu'à force de temps et de preuves redoublées.

La paix de Nimègue lui ôta le pénible emploi de prendre des places, mais elle lui en donna un plus grand nombre à fortifier. Il fit le fameux port de Dunkerque, son chef-d'œuvre, et par conséquent celui de son art. Strasbourg et Casal, qui passèrent, en 1681, sous le pouvoir du roi, furent ensuite ses travaux les plus considérables. Outre les grandes et magnifiques fortifications de Strasbourg, il y fit faire pour la navigation de la Bruche des écluses, dont l'exécution étoit si difficile, qu'il n'osa la confier à personne, et la dirigea toujours par lui-même.

La guerre recommença en 1683, et lui valut l'année suivante, la gloire de prendre Luxembourg, qu'on avoit cru jusques-là imprenable, et de le prendre avec fort peu de perte. Mais la guerre naissante ayant été étouffée par la trève de 1684, il reprit ses fonctions de paix, dont les plus brillantes furent l'aqueduc de Maintenon, de nouveaux travaux qui perfectionnent le canal de la communication des mers, Mont-Royal, et Landau.

Il semble qu'il auroit dû trahir les secrets de son art par la grande quantité d'ouvrages qui sont sortis de ses mains. Aussi a-t-il paru des livres dont le titre promettoit la véritable manière de fortifier selon M. de Vauban, mais il a toujours dit, et il a fait voir par sa pratique qu'il n'avoit point de manière. Chaque place différente lui en fournissoit une nouvelle selon les différentes circonstances de sa grandeur, de sa situation, de son terrain. Les plus difficiles de tous les arts sont ceux dont les objets sont changeans, qui ne permettent point aux esprits bornés l'application commode de certaines règles fixes, et qui demandent à chaque moment les ressources naturelles et imprévues d'un génie heureux.

En 1668, la guerre s'étant rallumée, il fit, sous les ordres de Monseigneur, les sièges de Philipsbourg, de Manheim, et de Frankendal. Ce grand prince fut si content de ses services, qu'il lui donna quatre pièces de canon à son choix, pour mettre en son château de Bazoches, récompense vraiment militaire, privilège unique, et qui, plus que tout autre, convenoit au père de tant de places fortes. La même année il fut fait lieutenant général.

L'année suivante, il commanda à Dunkerque, Bergues, et Ypres, avec ordre de s'enfermer dans celle de ces places qui seroit assiégée, mais son nom les en préserva.

L'année 1690 fut singulière entre toutes celles de sa vie; il n'y fit presque rien, parce qu'il avoit pris une grande et dangereuse maladie à faire travailler aux fortifications d'Ypres, qui étoient fort en désordre, et à être toujours présont sur les travaux. Mais cette oisiveté, qu'il se seroit presque reprochée, finit, en 1691, par la prise de Mons dont le roi commanda le siège en personne. Il commanda aussi l'année d'après celui de Namur, et M. de Vauban le conduisit de sorte qu'il prit la place en trente jours de tranchée ouverte, et n'y perdit que huit cents hommes, quoiqu'il s'y fût fait cinq actions de vigueur très-considérables.

Il faut passer par-dessus un grand nombre d'autres exploits, tels que le siège de Charleroi, en 93 ; la défense de la Basse-Bretagne contre les descentes des ennemis, en 94 et 95 ; le siège d'Ath ; en 97, et nous hâter de venir à ce qui touche de plus près cette académie. Lorsqu'elle se renouvela en 99, elle demanda au roi M. de Vauban pour être un de ses honoraires ; et si la bienséance nous permet de dire qu'une place dans cette compagnie soit la récompense du mérite, après toutes celles qu'il avoit reçues du roi en qualité d'homme de guerre, il falloit qu'il en reçût une d'une société de gens de lettres, en qualité de mathématicien. Personne n'avoit mieux que lui rappelé du ciel les mathématiques, pour les occuper aux besoins des hommes, et elles avoient pris entre ses mains une utilité aussi glorieuse peut-être que leur plus grande sublimité. De plus l'académie lui devoit une reconnoissance particulière de l'estime qu'il avoit toujours eue pour elle; les avantages solides que le public peut tirer de cet établissement avoient touché l'endroit le plus sensible de son ame.

Comme, après la paix de Riswick, il ne fut plus employé qu'à visiter les frontières, à faire le tour du royaume, et à former de nouveaux projets, il eut besoin d'avoir encore quelque autre occupation, et il se la donna selon son cœur. Il commença à mettre par écrit un prodigieux nombre d'idées qu'il avoit sur différens sujets qui regardoient le bien de l'état, non-seulement sur ceux qui lui étoient les plus familiers, tels que les fortifications, le détail des places, la discipline militaire, les campemens, mais encore sur une infinité d'autres matières qu'on auroit crues plus éloignées de son usage ; sur la marine, sur la course par mer en temps de guerre, sur les finances même, sur la culture des forêts, sur le commerce et sur les colonies françaises en Amérique. Une grande passion songe à tout. De toutes ces différentes vues, il a composé douze gros volumes manuscrits, qu'il a intitulé ses *Oisivetés*. S'il étoit possible que les idées qu'il y propose s'exécutassent, ses oisivetés seroient plus utiles que tous ses travaux.

La succession d'Espagne ayant fait renaître la guerre, il étoit à Namur au commencement de l'année 1703, et il y donnoit ordre à des réparations nécessaires, lorsqu'il apprit que le roi l'avoit honoré du bâton de Maréchal de France. Il s'étoit opposé lui-même quelque temps auparavant, à cette suprême élévation, que le roi lui avoit annoncée; il avoit représenté qu'elle empêcheroit qu'on ne l'employât avec des généraux du même rang, et feroit naître des embarras contraires au bien du service. Il aimoit mieux être plus utile, et moins récompensé; et pour suivre son goût, il n'auroit fallu payer ses premiers travaux que par d'autres encore plus nécessaires.

Vers la fin de la même année, il servit sous Monseigneur le duc de Bourgogne, au siège du Vieux Brisack, place très-considérable, qui fut réduite à capituler au bout de treize jours et demi de tranchée ouverte, et qui ne coûta pas trois cents hommes. C'est par ce siège qu'il a fini, et il y fit voir tout ce que

9

pouvoit son art, comme s'il eût voulu le résigner alors tout entier entre les mains du prince qu'il avoit pour spectateur et pour chef.

Le titre de Maréchal de France produisit les inconvéniens qu'il avoit prévus; il demeura deux ans inutile. Je l'ai entendu souvent s'en plaindre; il protestoit que pour l'intérêt du roi et de l'état il auroit foulé aux pieds la dignité avec joie. Il l'auroit fait, et jamais il ne l'eût si bien méritée; jamais même il n'en eût si bien soutenu le véritable éclat.

Il se consoloit avec ses savantes oisivetés. Il n'épargnoit aucune dépense pour amasser la quantité infinie d'instructions et de mémoires dont il avoit besoin, et il occupoit sans cesse un grand nombre de secrétaires, de dessinateurs, de calculateurs, et de copistes. Il donna au roi en 1704 un gros manuscrit, qui contenoit tout ce qu'il y a de plus fin et de plus secret dans la conduite de l'attaque des places; présent le plus noble qu'un sujet puisse jamais faire à son maître, et que le maître ne pouvoit recevoir que de ce seul sujet.

En 1706, après la bataille de Ramillies, M. le Maréchal de Vauban fut envoyé pour commander à Dunkerque, et sur la côte de Flandres. Il rassura par sa présence les esprits étonnés, il empêcha la perte d'un pays qu'on vouloit noyer pour prévenir le siége de Dunkerque, et le prévint d'ailleurs par un camp retranché qu'il fit entre cette ville et Bergues, de sorte que les ennemis eussent été obligés de faire en même temps l'investiture de Dunkerque, de Bergues, et de ce camp, ce qui étoit absolument impraticable.

Dans cette même campagne, plusieurs de nos places ne s'étant pas défendues comme il auroit souhaité, il voulut défendre par ses conseils toutes celles qui seroient attaquées à l'avenir, et commença sur cette matière un ouvrage qu'il destinoit au roi, et qu'il n'a pu finir entièrement. Il mourut le 30 mars 1707, d'une fluxion de poitrine accompagnée d'une grosse fièvre qui l'emporta en huit jours, quoiqu'il fût d'un tempérament très-robuste, et qui sembloit lui promettre encore plusieurs années de vie. Il avoit soixante-quatorze ans moins un mois.

Il avoit épousé Jeanne d'Aunoi de la famille des barons d'Espiri en Nivernois, morte avant lui. Il en a laissé deux filles, madame la comtesse de Villebertin, et madame la marquise d'Ussé.

Si l'on veut voir toute sa vie militaire en abrégé, il a fait travailler à trois cents places anciennes, et en a fait trente-trois neuves; il a conduit cinquante-trois siéges, dont trente ont été faits sous les ordres du roi en personne, ou de Monseigneur, ou de Monseigneur le duc de Bourgogne, et les vingt-trois autres sous différens généraux, il s'est trouvé à cent quarante actions de vigueur.

Jamais les traits de la simple nature n'ont été mieux marqués qu'en lui, ni plus exempts de tout mélange étranger. Un sens droit et étendu, qui s'attachoit au vrai par une espèce de sympathie, et sentoit le faux sans le discuter, lui épargnoit les longs circuits par où les autres marchent; et d'ailleurs sa vertu étoit en quelque sorte un instinct heureux, si prompt qu'il prévenoit sa raison. Il méprisoit cette politesse superficielle dont le monde se contente, et qui couvre souvent tant de barbarie; mais sa bonté, son humanité, sa libéralité, lui composoient une autre politesse plus rare, qui étoit toute dans son cœur. Il séyoit bien à tant de vertu de négliger des dehors, qui, à la vérité, lui appartiennent naturellement, mais que le vice emprunte avec trop de facilité. Souvent M. le maréchal de Vauban a secouru de sommes assez considérables des officiers qui n'étoient pas en état de soutenir le service ; et quand on venoit à le savoir, il disoit qu'il prétendoit leur restituer ce qu'il recevoit de trop des bienfaits du roi. Il en a été comblé pendant tout le cours d'une longue vie, et il a eu la gloire de ne laisser en mourant qu'une fortune médiocre. Il étoit passionément attaché au roi, sujet plein d'une fidélité ardente et zélée, et nullement courtisan ; il auroit infiniment mieux aimé servir que plaire. Personne n'a été si souvent que lui, ni avec tant de courage, l'introducteur de la vérité ; il avoit pour elle une passion presqu'imprudente, et incapable de ménagement. Ses mœurs ont tenu bon contre les dignités les plus brillantes, et n'ont pas même combattu. En un mot c'étoit un Romain qu'il sembloit que notre siècle eût dérobé aux plus heureux temps de la république.

ÉLOGE
DE
M. LEIBNITZ.

Godefroy-Guillaume Leibnitz naquit à Leipsick en Saxe le 23 juin 1646, de Frédéric Leibnitz, professeur de morale et greffier de l'Université de Leipsick, et de Catherine Schmuck, sa troisième femme, fille d'un docteur et professeur en droit. Paul Leibnitz, son grand oncle, avoit été capitaine en Hongrie, et ennobli pour ses services en 1600 par l'empereur Rodolphe II, qui lui donna les armes que M. Leibnitz portoit.

Il perdit son père à l'âge de six ans; et sa mère, qui étoit une femme de mérite, eut soin de son éducation. Il ne marqua aucune inclination particulière pour un genre d'étude plutôt que pour un autre. Il se porta à tout avec une égale vivacité; et comme son père lui avoit laissé une assez ample bibliothèque de livres bien choisis, il entreprit, dès qu'il sut assez de latin et de grec, de les lire tous avec ordre, poëtes, orateurs, historiens, jurisconsultes, philosophes, mathématiciens, théologiens. Il sentit bientôt qu'il avoit besoin de secours; il en alla chercher chez tous les habiles gens de son temps; et même quand il le fallut, assez loin de Leipsick. Cette lecture universelle et très-assidue, jointe à un grand génie naturel, le fit devenir tout ce qu'il avoit lu. Pareil en quelque sorte aux anciens qui avoient l'adresse de mener jusqu'à huit chevaux attelés de front, il mena de front toutes les sciences. Ainsi nous sommes obligés de le partager ici, et pour parler philosophiquement, de le décomposer. De plusieurs Hercules l'antiquité n'en a fait qu'un, et du seul M. Leibnitz nous ferons plusieurs savans. Encore une raison qui nous détermine à ne pas suivre comme de coutume l'ordre chronologique, c'est que dans les mêmes années il paroissoit de lui des écrits sur différentes matières; et ce mélange presque perpétuel qui ne produisoit nulle confusion dans ses idées, ces passages brusques et fréquens d'un sujet à un autre tout opposé qui ne l'embarrassoient pas, mettroient de la confusion et de l'embarras dans cette histoire.

M. Leibnitz avoit du goût et du talent pour la poésie. Il savoit les bons poëtes par cœur, et dans sa vieillesse même il auroit encore récité Virgile presque tout entier mot pour mot. Il avoit une fois composé en un jour un ouvrage de trois cents vers latins sans se permettre une seule élision; jeu d'esprit, mais jeu difficile. Lorsqu'en 1679 il perdit le duc Jean-Frédéric de Brunswick son protecteur, il fit sur sa mort un poëme latin qui est son chef-d'œuvre, et qui mérite d'être compté parmi les plus beaux d'entre les modernes. Il ne croyoit pas, comme la plupart de ceux qui ont travaillé dans ce genre, qu'à cause qu'on fait des vers en latin, on est en droit de ne point penser et de ne rien dire, si ce n'est peut-être ce que les anciens ont dit. Sa poésie est pleine de choses, ce qu'il dit lui appartient, il a la force de Lucain, mais de Lucain qui ne fait pas trop d'effort. Un morceau remarquable de ce poëme est celui où il parle du phosphore dont Brandt étoit l'inventeur. Le duc de Brunswick excité par M. Leibnitz, avoit fait venir Brandt à sa cour, pour jouir du phosphore; et le poëte chante cette merveille jusque-là inouïe : *Ce feu inconnu à la nature même, qu'un nouveau Vulcain avoit allumé dans un autre savant, que l'eau conservoit et empêchoit de se rejoindre à la sphère du feu sa patrie, qui enseveli sous l'eau dissimuloit son être, et sortoit lumineux et brillant de ce tombeau, image de l'ame immortelle et heureuse,* etc. Tout ce que la fable, tout ce que l'histoire sainte ou profane peuvent fournir qui ait rapport au phosphore, tout est employé, le larcin de Prométhée, la robe de Médée, le visage lumineux de Moïse, le feu de Jérémie enfoui quand les Juifs furent emmenés en captivité, les Vestales, les lampes sépulchrales, le combat des prêtres égyptiens et perses ; et quoiqu'il semble qu'en voilà beaucoup, tout cela n'est point entassé, un ordre fin et adroit donne à chaque chose une place qu'on ne lui sauroit ôter, et les différentes idées qui se succèdent rapidement ne se succèdent qu'à propos. M. Leibnitz faisoit même des vers français, mais il ne réussissoit pas dans la poésie allemande. Notre préjugé pour notre langue, et l'estime qui est due à ce poëte, nous pourroient faire croire que ce n'étoit pas tout-à-fait sa faute.

Il étoit très-profond dans l'histoire, et dans les intérêts des princes, qui en sont le résultat politique. Après que Jean Casimir roi de Pologne eut abdiqué la couronne en 1668, Philippe-Guillaume de Neubourg comte palatin fut des prétendans, et M. Leibnitz fit un traité sous le nom supposé de *George Vlicovius*, pour prouver que la république ne pouvoit faire un meilleur choix. Cet ouvrage eut beaucoup d'éclat : l'auteur avoit vingt-deux ans.

Quand on commença à traiter de la paix de Nimègue, il y eut des difficultés sur le cérémonial à l'égard des princes libres de l'empire qui n'étoient pas électeurs; on ne vouloit pas accorder à leurs ministres les mêmes titres et les mêmes traitemens qu'à ceux des princes d'Italie, tels que sont les ducs de Modène ou de Mantoue. M. Leibnitz publia en leur faveur un livre intitulé, *Cesarini Furstenerii de jure suprematûs ac legationis principum Germaniæ*, qui parut en 1667. Le faux nom qu'il se donne signifie qu'il étoit et dans les intérêts de l'empereur, et dans ceux des princes; et qu'en soutenant leur dignité, il ne nuisoit point à celle du chef de l'Empire. Il avoit effectivement sur la dignité impériale une idée qui ne pouvoit déplaire qu'aux autres potentats. Il prétendoit que tous les états chrétiens, du moins ceux d'occident, ne font qu'un corps, dont le pape est le chef spirituel, et l'empereur le chef temporel; qu'il appartient à l'un et à l'autre une certaine juridiction universelle; que l'empereur est le général né, le défendeur, l'*advoué* de l'église, principalement contre les infidèles; et que delà lui vient le titre de sacrée majesté, et à l'Empire celui du Saint Empire ; et que quoique tout cela ne soit pas de droit divin, c'est une espèce de système politique formé par le consentement des peuples, et qu'il seroit à souhaiter qui subsistât en son entier. Il en tire des conséquences avantageuses pour les princes libres d'Allemagne, qui ne tiennent pas beaucoup plus à l'empereur que les rois eux-mêmes n'y devroient tenir. Du moins il prouve très-fortement que leur souveraineté n'est point diminuée par l'espèce de dépendance où ils sont, ce qui est le but de tout l'ouvrage. Cette république chrétienne dont l'empereur et le pape sont les chefs, n'auroit rien d'étonnant, si elle étoit imaginée par un allemand catholique ; mais elle l'étoit par un luthérien ; l'esprit de système qu'il possédoit au souverain degré, avoit bien prévalu à l'égard de la religion sur l'esprit de parti.

Le livre du faux *Cesarinus Furstenerius* contient non-seulement une infinité de faits remarquables, mais encore quantité de petits faits qui ne regardent que les titres et les cérémonies, assez souvent négligés par les plus savans en histoire. On voit que M. Leibnitz dans sa vaste lecture ne méprisoit rien, et il est étonnant à combien de livres médiocres et presque absolument inconnus il avoit fait la grace de les lire; mais il l'est surtout qu'il ait pu mettre autant d'esprit philosophique dans une matière si peu philosophique. Il pose des définitions exactes qui le privent de l'agréable liberté d'abuser des termes dans les occasions; il cherche des points fixes, et en trouve dans les choses du monde les plus inconstantes et les plus sujettes au caprice des hommes; il établit des rapports et des proportions qui plaisent autant que des figures de rhétorique, et persuadent mieux. On sent qu'il se tient presque à regret dans les détails où son sujet l'enchaîne, et que son esprit prend son vol dès qu'il le peut, et s'élève aux vues générales. Ce livre fut fait et imprimé en Hollande, et réimprimé d'abord en Allemagne jusqu'à quatre fois.

Les princes de Brunswick le destinèrent à écrire l'histoire de leur maison. Pour remplir ce grand dessein, et ramasser les matériaux nécessaires, il courut toute l'Allemagne, visita toutes les anciennes abbayes, fouilla dans les archives des villes, examina les tombeaux et les autres antiquités, et passa de là en Italie, où les marquis de Toscane, de Ligurie et d'Est, sortis de la même origine que les princes de Brunswick, avoient eu leurs principautés et leurs domaines. Comme il alloit par mer dans une petite barque seul, et sans aucune suite, de Venise à Mésola, dans le Ferrarois, il s'éleva une furieuse tempête, et le pilote qui ne croyoit pas être entendu par un Allemand, et qui le regardoit comme la cause de la tempête, parce qu'il le jugeoit hérétique, proposa de le jeter à la mer, en conservant néanmoins ses hardes et son argent. Sur cela, M. Leibnitz, sans marquer aucun trouble, tira un chapelet, qu'apparemment il avoit pris par précaution, et le tourna d'un air assez dévot. Cet artifice lui réussit ; un marinier dit au pilote, que puisque cet homme-là n'étoit pas hérétique, il n'étoit pas juste de le jeter à la mer.

Il fut de retour de ses voyages à Hanovre, en 1690. Il avoit fait une abondante récolte, et plus abondante qu'il n'étoit nécessaire pour l'histoire de Brunswick, mais une savante avidité l'avoit porté à prendre tout. Il fit de son superflu un ample recueil, dont il donna le premier volume in-folio, en 1693, sous le titre de *Codex Juris Gentium Diplomaticus*. Il l'appela *Code du Droit des Gens*, parce qu'il ne contenoit que des actes faits par des Nations, ou, en leur nom, des déclarations de guerre, des manifestes, des traités de paix ou de trêve, des contrats de mariage de Souverains, etc., et que, comme les nations n'ont de lois entr'elles que celles qu'il leur plaît de se faire, c'est dans ces sortes de pièces qu'il faut les étudier. Il mit à la tête de ce volume une grande préface bien écrite et encore mieux pensée. Il y fait voir que les actes de la nature de ceux qu'il donne, sont les véritables sources de l'histoire, autant qu'elle peut être connue; car il sait bien que tout le fin nous en échappe; que ce qui a produit ces actes publics, et mis les hommes en mouvement, ce sont une infinité de petits ressorts cachés, mais très-puissans, quelquefois inconnus à ceux mêmes qu'ils font agir; et presque toujours si disproportionnés à leurs effets, que les plus grands événemens en seroient déshonorés. Il rassemble les traits d'histoire les plus singuliers que ces actes lui ont découverts, et il en tire des conjectures nouvelles et ingénieuses sur l'origine des électeurs de l'empire fixés à un nombre. Il avoue que tant de traités de paix si souvent renouvelés entre les mêmes nations, sont leur honte, et il approuve avec douleur l'enseigne d'un marchand hollandais, qui ayant mis pour titre : *A la Paix perpétuelle*, avoit fait peindre dans le tableau un cimetière.

Ceux qui savent ce que c'est que de déchiffrer ces anciens actes, de les lire, d'en entendre le style barbare, ne diront pas que M. Leibnitz n'a mis du sien, dans le *Codex Diplomaticus*, que sa belle préface. Il est vrai qu'il n'y a que ce morceau qui soit de génie, et que le reste n'est que de travail et d'érudition ; mais on doit être fort obligé à un homme tel que lui, quand il veut bien, pour l'utilité publique, faire quelque chose qui ne soit pas de génie.

En 1700, parut un supplément de cet ouvrage, sous le titre de *Mantissa Codicis Juris Gentium Diplomatici*. Il y a mis aussi une préface, où il donne à tous les savans qui lui avoient fourni quelques pièces rares, des louanges dont on sent la sincérité. Il remercie même M. Toinard de l'avoir averti d'une faute dans son premier volume, où il avoit confondu avec le fameux Christophe Colomb, un Guillaume de Caseneuve, surnommé *Coulomp*, vice-amiral sous Louis XI ; erreur si légère et si excusable, que l'aveu n'en seroit guère glorieux sans une infinité d'exemples contraires.

Enfin, il commença à mettre au jour, en 1707, ce qui avoit rapport à l'histoire de Brunswick, et ce fut le premier volume in-folio *Scriptorum Brunsvicensia illustrantium* ; recueil de pièces originales qu'il avoit presque toutes dérobées à la poussière et aux vers, et qui devoient faire le fondement de son histoire. Il rend compte, dans la préface, de tous les auteurs qu'il donne, et des pièces qui n'ont point de noms d'auteurs, et en porte des jugemens, dont il n'y a pas d'apparence que l'on appelle.

Il avoit fait sur l'histoire de ce temps-là deux découvertes principales, opposées à deux opinions fort établies.

On croit que de simples gouverneurs de plusieurs grandes provinces du vaste empire de Charlemagne étoient devenus dans la suite des princes héréditaires ; mais M. Leibnitz soutient qu'ils l'avoient toujours été, et par-là ennoblit encore les origines des plus grandes maisons. Il les enfonce davantage dans cet abîme du passé, dont l'obscurité leur est si précieuse.

Le dixième et le onzième siècle passent pour les plus barbares du christianisme; mais il prétend que ce sont le treizième et le quatorzième, et qu'en comparaison de ceux-ci le dixième fut un siècle d'or, du moins pour l'Allemagne. *Au milieu du douzième, on discernoit encore le vrai d'avec le faux, mais ensuite les fables renfermées auparavant dans les cloîtres et dans les légendes, se débordèrent impétueusement, et inondèrent tout.* Ce sont à-peu-près ses propres termes. Il attribue la principale cause du mal à des gens qui, étant pauvres par institut, inventoient par nécessité. Ce qu'il y a de plus étonnant, c'est que les bons livres n'étoient pas encore alors totalement inconnus. Gervais de Tilbury, que M. Leibnitz donne pour un échantillon du treizième siècle, étoit assez versé dans l'antiquité, soit profane, soit ecclésiastique, et n'en est pas moins grossièrement, ni moins hardiment romanesque. Après les faits dont il a été témoin oculaire, l'auteur d'Amadis pouvoit soutenir aussi que son livre étoit historique. Un homme de la trempe de M. Leibnitz, qui est dans l'étude de l'histoire, en sait tirer de certaines réflexions générales, élevées au-dessus de l'histoire même; et dans cet amas confus et immense de faits, il démêle un ordre, et des liaisons délicates, qui n'y sont que pour lui. Ce qui l'intéresse le plus, ce sont les origines des nations, de leurs langues, de leurs mœurs, de leurs opinions, surtout l'histoire de l'esprit humain, et une succession de pensées qui naissent dans les peuples les unes après les autres, ou plutôt les unes des autres, et dont l'enchaînement bien observé pourroit donner lieu à des espèces de prophéties.

En 1710 et 1711, parurent deux autres volumes *Scriptorum Brunsvicensia illustrantium*, et enfin devoit suivre l'histoire qui n'a point paru, et dont voici le plan.

Il la faisoit précéder par une dissertation sur l'état de l'Allemagne, tel qu'il étoit avant toutes les histoires, et qu'on le pouvoit conjecturer par les monumens naturels qui en étoient restés, des coquillages pétrifiés dans les terres, des pierres où se trouvent des empreintes de poissons ou de plantes, et même de poissons et de plantes, qui ne sont point du pays, médailles incontestables du déluge. De là il passoit aux plus anciens habitans dont on ait mémoire, aux différens peuples qui se sont succédés les uns aux autres dans ces pays, et traitoit de leurs langues, et du mélange de ces langues, autant qu'on en peut juger par les étymologies, seuls monumens en ces matières. Ensuite les origines de Brunswick commençoient à Charlemagne, en 769, et se continuoient par les empereurs descendus de lui, et par cinq empereurs de la maison de Brunswick, Henri I l'Oiseleur, les trois

Othons, et Henri II, où elles finissoient en 1025. Cet espace de temps comprenoit les antiquités de la Saxe par la maison de Witikind, celles de la haute Allemagne par la maison Guelfe, celles de la Lombardie par la maison des ducs et marquis de Toscane et de Ligurie. De tous ces anciens princes sont sortis ceux de Brunswick. Après ces origines, venoit la généalogie de la maison Guelfe ou de Brunswick, avec une courte mais exacte histoire jusqu'au temps présent. Cette généalogie étoit accompagnée de celles des autres grandes maisons, de la maison Gibeline, d'Autriche ancienne et nouvelle, de Bavière, etc. M. Leibnitz avançoit, et il étoit trop savant pour être présomptueux, que, jusqu'à présent, on n'avoit rien vu de pareil sur l'histoire du moyen âge, qu'il avoit porté une lumière toute nouvelle dans ces siècles couverts d'une obscurité effrayante, et réformé un grand nombre d'erreurs, ou levé beaucoup d'incertitudes. Par exemple, cette papesse Jeanne, établie d'abord par quelques-uns, détruite par d'autres, ensuite rétablie, il la détruisoit pour jamais, et il trouvoit que cette fable ne pouvoit s'être soutenue qu'à la faveur des ténèbres de la chronologie qu'il dissipoit.

Dans le cours de ses recherches, il prétendit avoir découvert la véritable origine des Français, et en publia une dissertation en 1716. L'illustre père de Tournemine, jésuite, attaqua son sentiment, et en soutint un autre avec toute l'érudition qu'il falloit pour combattre un adversaire aussi savant, et avec toute cette hardiesse qu'un grand adversaire approuve. Nous n'entrerons point dans cette question, elle étoit même assez indifférente, selon la réflexion polie du P. de Tournemine, puisque, de quelque façon que ce fût, les

Français étoient compatriotes de M. Leibnitz.

M. Leibnitz étoit grand jurisconsulte. Il étoit né dans le sein de la jurisprudence, et cette science est plus cultivée en Allemagne qu'en aucun autre pays. Ses premières études furent principalement tournées de ce côté-là, la vigueur naissante de son esprit y fut employée. A l'âge de vingt ans, il voulut se faire passer docteur en droit à Leipsick; mais le doyen de la Faculté, poussé par sa femme, le refusa sous prétexte de sa jeunesse. Cette même jeunesse lui avoit peut-être attiré la mauvaise humeur de la femme du doyen. Quoi qu'il en soit, il fut vengé de sa patrie par l'applaudissement général avec lequel il fut reçu docteur, la même année, à Altorf dans le territoire de Nuremberg. La thèse qu'il soutint étoit, *De Casibus perplexis in Jure.* Elle fut imprimée dans la suite avec deux autres petits

Traités de lui, *Specimen Encyclopediæ in Jure, seu Quæstiones Philosophiæ amœniores ex Jure collectæ, et Specimen certitudinis seu demonstrationum in Jure exhibitum in doctrina conditionum.* Il savoit déjà rapprocher les différentes sciences, et tirer des lignes de communication des unes aux autres.

A l'âge de vingt-deux ans, qui est l'époque que nous avons déjà marquée pour le livre de *George Ulicovius*, il dédia à l'électeur de Mayence, Jean-Philippe de Schomborn, une nouvelle méthode d'apprendre et d'enseigner la jurisprudence. Il y ajoutoit une liste de ce qui manque encore au droit, *Catalogum desideratorum in Jure*, et promettoit d'y suppléer. Dans la même année, il donna son projet pour réformer tout le corps du droit, *Corporis Juris reconcinandi ratio.* Les différentes matières du droit sont effectivement dans une grande confusion ; mais sa tête, en les recevant, les avoit arrangées ; elles s'étoient refondues dans cet excellent moule, et elles auroient beaucoup gagné à reparoître sous la forme qu'elles y avoient prise.

Quand il donna les deux volumes de son *Codex Diplomaticus*, il ne manqua pas de remonter aux premiers principes du droit naturel et du droit des gens. Le point de vue où il se plaçoit étoit toujours fort élevé, et de là il découvroit toujours un grand pays, dont il voyoit tout le détail d'un coup-d'œil. Cette théorie générale de jurisprudence, quoique fort courte, étoit si étendue, que la question du quiétisme, alors fort agitée en France, s'y trouvoit naturellement dès l'entrée, et la décision de M. Leibnitz fut conforme à celle du pape.

Nous voici enfin arrivés à la partie de son mérite qui intéresse le plus cette

Compagnie; il étoit excellent philosophe et mathématicien. Tout ce que renferment ces deux mots, il l'étoit.

Quand il eut été reçu docteur en droit à Altorf, il alla à Nuremberg pour y voir des savans. Il apprit qu'il y avoit dans cette ville une société fort cachée de gens qui travailloient en chimie, et cherchoient la pierre philosophale. Aussitôt le voilà possédé du désir de profiter de cette occasion pour devenir chimiste; mais la difficulté étoit d'être initié dans les mystères. Il prit des livres de chimie, en rassembla les expressions les plus obscures, et qu'il entendoit le moins, en composa une lettre inintelligible pour lui-même, et l'adressa au directeur de la société secrète, demandant à y être admis sur les preuves qu'il donnoit de son grand savoir. On ne douta point que l'auteur de la lettre ne fût un *adepte*, ou à-peu-près; il fut reçu avec honneur dans le laboratoire, et prié d'y faire les fonctions de secrétaire. On lui offrit même une pension. Il s'instruisait beaucoup avec eux, pendant qu'ils croyoient s'instruire avec lui; apparemment il leur donnoit pour des connoissances acquises par un long travail, les vues que son génie naturel lui fournissoit; et enfin il paroît hors de doute que quand ils l'auroient reconnu, ils ne l'auroient pas chassé.

En 1670, M. Leibnitz, âgé de vingt-quatre ans, se déclara publiquement philosophe dans un livre dont voici l'histoire.

Marius Nizolius de Bersello, dans l'état de Modène, publia, en 1553, un Traité, *De veris Principiis, et vera ratione philosophandi contra Pseudophilosophos.* Les faux philosophes étoient tous les scholastiques passés et présens, et Nizolius s'élevoit, avec la dernière hardiesse, contre leurs idées monstrueuses et leur langage barbare, jusques-là qu'il traitoit St. Thomas lui-même de borgne entre des aveugles. La longue et constante admiration qu'on a eue pour Aristote, ne prouve, disoit-il, que la multitude des sots, et la durée de la sottise. La bile de l'auteur étoit encore animée par quelques contestations particulières avec des Aristotéliciens.

Ce livre qui, dans le temps où il parut, n'avoit pas dû être indifférent, étoit tombé dans l'oubli, soit parce que l'Italie avoit eu intérêt à l'étouffer, et qu'à l'égard des autres pays, ce qu'il avoit de vrai n'étoit que trop clair et trop prouvé, soit parce qu'effectivement la dose des paroles y est beaucoup trop forte par rapport à celle des choses. M. Leibnitz jugea à propos de le mettre au jour avec une préface et des notes.

La préface annonce un éditeur et un commentateur d'une espèce fort singulière. Nul respect aveugle pour son autour, nulles raisons forcées pour en relever le mérite, ou pour en couvrir les défauts. Il le loue, mais seulement par la circonstance du temps où il a écrit, par le courage de son entreprise, par quelques vérités qu'il a aperçues ; mais il y reconnoît de faux raisonnemens et des vues imparfaites; il le blâme de ses excès et de ses emportemens à l'égard d'Aristote, qui n'est pas coupable des rêveries de ses prétendus disciples, et même à l'égard de St. Thomas, dont la gloire pouvoit n'être pas si chère à un luthérien. Enfin, il est aisé de s'apercevoir que le commentateur doit avoir un mérite fort indépendant de celui de l'auteur original.

Il paroît aussi qu'il avoit lu des philosophes sans nombre. L'histoire des pensées des hommes, certainement curieuse par le spectacle d'une variété infinie, est aussi quelquefois instructive. Elle peut donner de certaines idées détournées du chemin ordinaire, que le plus grand esprit n'auroit pas produites de son fonds ; elle fournit des matériaux de pensées ; elle fait connoître les principaux écueils de la raison humaine ; marque les routes les plus sûres, et ce qui est le plus considérable, elle apprend aux plus grands génies qu'ils ont eu des pareils, et que leurs pareils se sont trompés. Un solitaire peut s'estimer davantage que ne fera celui qui vit avec les autres, et qui s'y compare.

M. Leibnitz avoit tiré ce fruit de sa grande lecture, qu'il en avoit l'esprit plus exercé à recevoir toutes sortes d'idées, plus susceptible de toutes les formes, plus accessible à ce qui lui étoit nouveau, et même opposé, plus indulgent pour la foiblesse humaine, plus disposé aux interprétations favorables, et plus industrieux à les trouver. Il donna une preuve de ce caractère dans une lettre *de Aristotele recentioribus reconciliabili*, qu'il imprima avec le Nizolius. Là il ose parler avantageusement d'Aristote, quoique ce fût une mode assez générale que de le décrier, et presque un titre d'esprit. Il va même jusqu'à dire qu'il approuve plus de choses dans ses ouvrages que dans ceux de Descartes.

Ce n'est pas qu'il ne regardât la philosophie corpusculaire ou mécanique comme la seule légitime, mais on n'est pas cartésien pour cela; et il prétendoit que le véritable Aristote, et non pas celui des scholastiques, n'avoit pas connu d'autre philosophie. C'est par là qu'il fait la réconciliation. Il ne le justifie que sur les principes généraux, l'essence de la matière, le mouvement, etc. Mais il ne touche point à tout le détail immense de la physique, sur quoi il semble que les modernes seroient bien généreux, s'ils vouloient se mettre en communauté de biens avec Aristote.

Dans l'année qui suivit celle de l'édition du Nizolius, c'est-à-dire en 1671, âgé de vingt-cinq ans, il publia deux petits traités de physique, *Theoria motûs abstracti*, dédié à l'académie des sciences, et *Theoria motûs concroti*, dédié à la société royale de Londres. Il semble qu'il ait craint de faire de la jalousie.

Le premier de ces traités est une théorie très-subtile et presque toute neuve du mouvement en général. Le second est une application du premier à tous les phénomènes. Tous deux ensemble font une physique générale complète. Il dit lui-même qu'il croit que *son système réunit et concilie tous les autres, supplée à leurs imperfections, étend leurs bornes, éclaircit leurs obscurités, et que les philosophes n'ont plus qu'à travailler de concert sur ces principes, et à descendre dans des explications plus particulières qu'ils porteront dans le trésor d'une solide philosophie.* Il est vrai que ses idées sont simples, étendues, vastes. Elles partent d'abord d'une grande universalité qui en est comme le tronc, et ensuite se divisent, se subdivisent, et, pour ainsi dire, se ramifient presqu'à l'infini, avec un agrément inexprimable pour l'esprit, et qui aide à la persuasion. C'est ainsi que la nature pourroit avoir pensé.

Dans ces deux ouvrages il admettoit du vuide, et regardoit la matière comme une simple étendue absolument indifférente au mouvement et au repos. Il a depuis changé de sentiment sur ces deux points. A l'égard du dernier, il étoit venu à croire que pour découvrir l'essence de la matière, il falloit aller au-delà de l'étendue, et y concevoir une certaine force qui n'est plus une simple grandeur géométrique. C'est la fameuse et obscure entéléchie d'Aristote, dont les scholastiques ont fait les formes substantielles, et toute substance a une force selon sa nature. Celle de la matière est double, une tendance naturelle au mouvement, et une résistance au mouvement imprimé d'ailleurs. Un corps peut paroître en repos, parce que l'effort qu'il fait pour se mouvoir est réprimé ou contre-balancé par les corps environnans; mais il n'est jamais réellement ou absolument en repos, parce qu'il n'est jamais sans cet effort pour se mouvoir.

Descartes avoit vu très-ingénieusement que malgré les chocs innombrables des corps, et les distributions inégales de mouvement qui se font sans cesse des uns aux autres, il devoit y avoir au fond de tout cela quelque chose d'égal, de constant, de perpétuel; et il a cru que c'étoit la quantité de mouvement, dont la mesure est le produit de la masse par la vitesse. Au lieu de cette quantité de mouvement, M. Leibnitz mettoit la force, dont la mesure est le produit de la masse par les hauteurs auxquelles cette force peut élever un corps pesant : or ces hauteurs sont comme les quarrés des vitesses. Sur ce principe il prétendoit établir une nouvelle *dynamique*, ou science des forces; et il soutenoit que de celui de Descartes s'ensuivoit la possibilité du mouvement perpétuel artificiel, ou d'un effet plus grand que sa cause ; conséquence qui ne se peut digérer ni en mécanique, ni en métaphysique.

Il fut fort attaqué par les Cartésiens, surtout par messieurs l'abbé Catelan et Papin. Il répondit avec vigueur : cependant il ne paroît pas que son sentiment ait prévalu; la matière est demeurée sans force, du moins active, et l'entéléchie sans application et sans usage. Si M. Leibnitz ne l'a pas rétablie, il n'y a guère d'apparence qu'elle se relève jamais.

Il avoit encore sur la physique générale une pensée particulière et contraire à celle de Descartes. Il croyoit que les causes finales pouvoient quelquefois être employées; par exemple, que le rapport des sinus d'incidence et de réfraction étoit constant, parce que dieu vouloit qu'un rayon qui doit se détourner, allât d'un point à un autre par deux chemins, qui pris ensemble, lui fissent employer moins de temps que tous les autres chemins possibles; ce qui est plus conforme à la souveraine sagesse. La puissance de dieu a fait tout ce qui peut être de plus grand, et sa sagesse tout ce qui peut être de mieux ou de meilleur. L'univers n'est que le résultat total, la combinaison perpétuelle, le mélange intime de ce plus grand et de ce meilleur, et on ne peut le connoître qu'en connoissant les deux ensemble. Cette idée qui est certainement grande et noble, et digne de l'objet, demanderoit dans l'application une extrême dextérité, et des ménagemens infinis. Ce qui appartient à la sagesse du créateur, semble être encore plus au-dessus de notre foible portée, que ce qui appartient à sa puissance.

Il seroit inutile de dire que M. Leibnitz étoit un mathématicien du premier ordre; c'est par-là qu'il est le plus généralement connu. Son nom est à la tête des plus sublimes problèmes qui aient été résolus de nos jours, et il est mêlé dans tout ce que la géométrie moderne a fait de plus grand, de plus difficile et de plus important. Les actes de Leipsick, les journaux des savans, nos histoires sont pleines de lui en tant que géomètre. Il n'a publié aucun corps d'ouvrage de mathématiques, mais seulement quantité de morceaux détachés, dont il auroit fait des livres s'il avoit voulu, et dont l'esprit et les vues ont servi à beaucoup de livres. Il disoit qu'il aimoit à voir croître dans les jardins d'autrui des plantes dont il avoit fourni les graines. Ces graines sont souvent plus à estimer que les plantes même; l'art de découvrir en mathématiques est plus précieux que la plupart des choses qu'on découvre.

L'histoire du calcul différentiel ou des infiniment petits, suffira pour faire voir quel étoit son génie. On sait que cette découverte porte nos connoissances jusque dans l'infini, et presqu'au-delà des bornes prescrites à l'esprit humain, du moins infiniment au-delà de celles où étoit renfermée l'ancienne géométrie. C'est une science toute nouvelle, née de nos jours, très-étendue, très-subtile, et très-sûre. En 1684, M. Leibnitz donna dans les actes de Leipsick les règles du calcul différentiel; mais il en cacha les démonstrations. Les illustres frères Bernouilli les trouvèrent, quoique fort difficiles à découvrir, et s'exercèrent dans ce calcul avec un succès surprenant. Les solutions les plus élevées,

les plus hardies et les plus inespérées
naissoient sous leurs pas. En 1687, parut l'admirable livre de M. Newton, *des
Principes mathématiques de la philosophie naturelle*, qui étoit presque
entièrement fondé sur ce même calcul ;
de sorte que l'on crut communément
que M. Leibnitz et lui l'avoient trouvé
chacun de leur côté par la conformité
de leurs grandes lumières.

Ce qui aidoit encore à cette opinion,
c'est qu'ils ne se rencontroient que sur
le fond des choses ; ils leur donnoient
des noms différens, et se servoient de
différens caractères dans leur calcul. Ce
que M. Newton appeloit *fluxions*,
M. Leibnitz l'appeloit *différences* ; et
le caractère par lequel M. Leibnitz marquoit l'infiniment petit, étoit beaucoup
plus commode et d'un plus grand usage
que celui de M. Newton. Aussi ce nouveau calcul ayant été avidement reçu
par toutes les nations savantes, les noms

et les caractères de M. Leibnitz ont prévalu par-tout, hormis en Angleterre. Cela même faisoit quelque effet en faveur de M. Leibnitz, et eût accoutumé insensiblement les géomètres à le regarder comme seul ou principal inventeur.

Cependant ces deux grands hommes sans se rien disputer, jouissoient du glorieux spectacle des progrès qu'on leur devoit ; mais cette paix fût enfin troublée. En 1699, M. Fatio ayant dit dans son écrit sur la *ligne de la plus courte descente*, qu'il étoit obligé de reconnoître M. Newton pour le premier inventeur du calcul différentiel, et de plusieurs années le premier, et qu'il laissoit à juger si M. Leibnitz, second inventeur, avoit pris quelque chose de lui ; cette distinction si nette de premier et de second inventeur, et ce soupçon qu'on insinuoit, excitèrent une contestation entre M. Leibnitz, soutenu des journalistes de Leipsick, et les géomètres anglais déclarés pour M. Newton, qui ne paroissoit point sur la scène. Sa gloire étoit devenue celle de la nation, et ses partisans n'étoient que de bons citoyens qu'il n'avoit pas besoin d'animer. Les écrits se sont succédés lentement de part et d'autre, peut-être à cause de l'éloignement des lieux : mais la contestation ne laissoit pas de s'échauffer toujours ; et enfin elle vint au point qu'en 1711 M. Leibnitz se plaignit à la société royale de ce que M. Keill l'accusoit d'avoir donné sous d'autres noms et d'autres caractères le calcul des fluxions inventé par M. Newton. Il soutenoit que personne ne savoit mieux que M. Newton qu'il ne lui avoit rien dérobé, et il demandoit que M. Keill désavouât publiquement le mauvais sens que pouvoient avoir ses paroles.

La société établie juge du procès, nomma des commissaires pour examiner toutes les anciennes lettres des savans mathématiciens que l'on pouvoit retrouver, et qui regardoient cette matière. Il y en avoit des deux partis. Après cet examen, les commissaires trouvèrent qu'il ne paroissoit pas que M. Leibnitz eût rien connu du calcul différentiel ou des infiniment petits, avant une lettre de M. Newton écrite en 1672, qui lui avoit été envoyée à Paris, et où la méthode des fluxions étoit assez expliquée pour donner toutes les ouvertures nécessaires à un homme aussi intelligent ; que même M. Newton avoit inventé sa méthode avant 1669, et par conséquent quinze ans avant que M. Leibnitz eût rien donné sur ce sujet dans les actes de Leipsick ; et de-là ils concluoient que M. Keill n'avoit nullement calomnié M. Leibnitz.

La Société a fait imprimer ce jugement avec toutes les pièces qui y appartenoient sous le titre de *Commercium Epistolicum de Analysi pro-*

mota, 1712. On l'a distribué par toute l'Europe, et rien ne fait plus d'honneur au système des infiniment-petits, que cette jalousie de s'en assurer la découverte, dont toute une nation si savante est possédée ; car, encore une fois, M. Newton n'a point paru, soit qu'il se soit reposé de sa gloire sur des compatriotes assez vifs, soit, comme on le peut croire d'un aussi grand homme, qu'il soit supérieur à cette gloire même.

M. Leibnitz ou ses amis n'ont pas pu avoir la même indifférence ; il étoit accusé d'un vol, et tout le *Commercium Epistolicum*, ou le dit nettement, ou l'insinue. Il est vrai que ce vol ne peut avoir été que très-subtil, et qu'il ne faudroit pas d'autre preuve d'un grand génie que de l'avoir fait, mais enfin il vaut mieux ne l'avoir pas fait, et par rapport au génie, et par rapport aux mœurs.

Après que le jugement d'Angleterre

fut public, il parut un écrit d'une seule feuille volante, du 29 juillet 1713; il est pour M. Leibnitz, qui étant alors à Vienne, ignoroit ce qui se passoit. Il est très-vif, et soutient hardiment que le calcul des fluxions n'a point précédé celui des différences, et insinue même qu'il pourroit en être né.

Le détail des preuves de part et d'autre seroit trop long, et ne pourroit même être entendu sans un commentaire infiniment plus long, qui entreroit dans la plus profonde géométrie.

M. Leibnitz avoit commencé à travailler à un *Commercium Mathematicum*, qu'il devoit opposer à celui d'Angleterre. Ainsi, quoique la Société Royale puisse avoir bien jugé sur les pièces qu'elle avoit, elle ne les avoit donc pas toutes ; et jusqu'à ce qu'on ait vu celles de M. Leibnitz, l'équité veut que l'on suspende son jugement.

En général, il faut des preuves d'une

extrême évidence pour convaincre un homme tel que lui d'être plagiaire le moins du monde, car c'est là toute la question. M. Newton est certainement inventeur, et sa gloire est en sûreté.

Les gens riches ne dérobent pas, et combien M. Leibnitz l'étoit-il?

Il a blâmé Descartes de n'avoir fait honneur ni à Keppler de la cause de la pesanteur tirée des forces centrifuges, et de la découverte de l'égalité des angles d'incidence et de réflexion, ni à Snellius du rapport constant des sinus des angles d'incidence, et de réfraction; *petits artifices*, dit-il, *qui lui ont fait perdre beaucoup de véritable gloire auprès de ceux qui s'y connoissent.* Auroit-il négligé cette gloire qu'il connoissoit si bien? Il n'avoit qu'à dire d'abord ce qu'il devoit à M. Newton; il lui en restoit encore une fort grande sur le fond du sujet, et il y gagnoit de plus celle de l'aveu.

Ce que nous supposons qu'il eût fait dans cette occasion, il l'a fait dans une autre. L'un de messieurs Bernouilli ayant voulu conjecturer quelle étoit l'histoire de ses méditations mathématiques, il l'expose naïvement dans le mois de septembre 1691, des actes de Leipsick. Il dit qu'il étoit encore entièrement neuf dans la profonde géométrie, étant à Paris en 1672; qu'il y connut l'illustre M. Huyghens, qui étoit, après Galilée et Descartes, celui à qui il devoit le plus en ces matières, que la lecture de son livre *de Horologio oscillatorio*, jointe à celle des ouvrages de Pascal, et de Grégoire de Saint-Vincent, lui ouvrit tout d'un coup l'esprit, et lui donna des vues qui l'étonnèrent lui-même, et tous ceux qui savoient combien il étoit encore neuf; qu'aussitôt il s'offrit à lui un grand nombre de théorèmes qui n'étoient que des corollaires d'une méthode nouvelle, et dont il trouva depuis une partie dans les ouvrages de Gregory, de Barrow, et de quelques autres ; qu'enfin il avoit pénétré jusqu'à des sources plus éloignées et plus fécondes, et avoit soumis à l'analyse ce qui ne l'avoit jamais été. C'est son calcul dont il parle. Pourquoi, dans cette histoire qui paroît si sincère et si exempte de vanité, n'auroit-il pas donné place à M. Newton? Il est plus naturel de croire que ce qu'il pouvoit avoir vu de lui en 1672, il ne l'avoit pas entendu aussi finement qu'il en est accusé, puisqu'il n'étoit pas encore grand géomètre.

Dans la théorie du mouvement abstrait qu'il dédia à l'académie en 1671, et avant que d'avoir encore rien vu de M. Newton, il pose déjà des infiniment-petits plus grands les uns que les autres. C'est là une des clefs du système, et ce principe ne pouvoit guère demeurer stérile entre ses mains.

Quand le calcul de M. Leibnitz parut, en 1684, il ne fut point réclamé; M. Newton ne le revendiqua point dans son beau livre qui parut en 1687 : il est vrai qu'il a la générosité de ne le point revendiquer non plus à présent; mais ses amis, plus zélés que lui pour ses intérêts, auroient pu agir en sa place comme ils agissent aujourd'hui. Dans tous les actes de Leipsick, M. Leibnitz est en une possession paisible et non interrompue de l'invention du calcul différentiel. Il y déclare même que messieurs Bernouilli l'avoient si heureusement cultivé, qu'il leur appartenoit autant qu'à lui. C'est là un acte de propriété, et en quelque sorte de souveraineté.

On ne sent aucune jalousie dans M. Leibnitz. Il excite tout le monde à travailler; il se fait des concurrens, s'il peut; il ne donne point de ces louanges bassement circonspectes, qui craignent d'en trop dire; il se plaît au mérite d'autrui; tout cela n'est pas d'un plagiaire. Il n'a jamais été soupçonné de l'être en aucune autre occasion ; il se seroit donc démenti cette seule fois, et auroit imité le héros de Machiavel, qui est exactement vertueux, jusqu'à ce qu'il s'agisse d'une couronne. La beauté du système des infiniment-petits justifie cette comparaison.

Enfin, il s'en est remis avec une grande confiance au témoignage de M. Newton, et au jugement de la Société Royale. L'auroit-il osé ?

Ce ne sont là que de simples présomptions, qui devront toujours céder à de véritables preuves. Il n'appartient pas à un historien de décider, et encore moins à moi. Atticus se seroit bien gardé de prendre parti entre ce César et ce Pompée.

Il ne faut pas dissimuler ici une chose assez singulière. Si M. Leibnitz n'est pas, de son côté, aussi bien que M. Newton l'inventeur du système des infiniment-petits, il s'en faut infiniment peu. Il a connu cette infinité d'ordres d'infiniment-petits, toujours infiniment plus petits les uns que les autres, et cela dans la rigueur géométrique; et les plus grands géomètres ont adopté cette idée dans toute cette rigueur. Il semble cependant qu'il en ait ensuite été effrayé lui-même, et qu'il ait cru que ces différens ordres d'infiniment-petits n'étoient que des grandeurs *incomparables*, à cause de leur extrême inégalité, comme le seroient un grain de sable, et le globe de la terre, la terre et la sphère, qui comprend les planètes, etc. Or, ce ne seroit là qu'une grande inégalité, mais non pas infinie, telle qu'on l'établit dans ce système. Aussi ceux même qui l'ont pris de lui, n'en ont-ils pas pris cet adoucissement, qui gâteroit tout. Un architecte a fait un bâtiment si hardi, qu'il n'ose lui-même y loger, et il se trouve des gens qui se fient plus que lui à sa solidité, qui y logent sans crainte, et, qui plus est, sans accident. Mais peut-être l'adoucissement n'étoit-il qu'une condescendance pour ceux dont l'imagination se seroit révoltée. S'il faut tempérer la vérité en géométrie, que sera-ce en d'autres matières?

Il avoit entrepris un grand ouvrage, *de la Science de l'Infini*. C'étoit toute la plus sublime géométrie, le calcul intégral joint au différentiel. Apparemment il y fixoit ses idées sur la nature de l'infini et sur ses différens ordres; mais quand même il seroit possible qu'il n'eût pas pris le meilleur parti bien déterminément, on eût préféré les lumières qu'on tenoit de lui à son autorité. C'est une perte considérable pour les mathématiques que cet ouvrage n'ait pas été fini. Il est vrai que le plus difficile paroît fait; il a ouvert les grandes routes, mais il pouvoit encore ou y servir de guide, ou en ouvrir de nouvelles.

De cette haute théorie, il descendoit souvent à la pratique, où son amour pour le bien public le ramenoit. Il avoit songé à rendre les voitures et les carrosses plus légers et plus commodes; et de là un docteur qui se prenoit à lui de n'avoir pas eu une pension du duc d'Hanovre, prit occasion de lui imputer, dans un écrit public, qu'il avoit eu dessein de construire un chariot, qui auroit fait en vingt-quatre heures le voyage de Hanovre à Amsterdam; plaisanterie mal entendue, puisqu'elle ne peut tourner qu'à la gloire de celui qu'on attaque, pourvu qu'il ne soit pas absolument insensé.

Il avoit proposé un moulin à vent pour puiser l'eau des mines les plus profondes, et avoit beaucoup travaillé à cette machine; mais les ouvriers eurent leurs raisons pour en traverser le succès par toutes sortes d'artifices. Ils furent plus habiles que lui, et l'emportèrent.

On doit mettre au rang des inventions plus curieuses qu'utiles, une machine arithmétique différente de celle de M. Pascal, à laquelle il a travaillé toute sa vie à diverses reprises. Il ne l'a entièrement achevée que peu de temps avant sa mort, et il y a extrêmement dépensé.

Il étoit métaphysicien, et c'étoit une chose presque impossible qu'il ne le fût pas; il avoit l'esprit trop universel. Je n'entends pas seulement universel, parce qu'il alloit à tout, mais encore parce qu'il saisissoit dans tous les principes les plus élevés et les plus généraux, ce qui est le caractère de la métaphysique. Il avoit projeté d'en faire une toute nouvelle, et il en a répandu çà et là différens morceaux selon sa coutume.

Ses grands principes étoient que rien n'existe ou ne se fait sans une raison suffisante; que les changemens ne se font point brusquement et par sauts, mais par degrés et par nuances, comme dans des suites de nombres, ou dans des courbes; que dans tout l'univers, comme nous l'avons déjà dit, un meilleur est mêlé par-tout avec un plus grand, ou, ce qui revient au même, les lois de convenance avec les lois nécessaires ou géométriques. Ces principes si nobles et si spécieux ne sont pas aisés à appliquer; car dès qu'on est hors du nécessaire rigoureux et absolu, qui n'est pas bien commun en métaphysique, le suffisant, le convenable, un degré ou un saut, tout cela pourroit bien être un peu arbitraire; et il faut prendre garde que ce ne soit le besoin du système qui décide.

Sa manière d'expliquer l'union de l'ame et du corps par une *harmonie préétablie*, a été quelque chose d'imprévu et d'inespéré sur une matière où la philosophie sembloit avoir fait ses derniers efforts. Les philosophes, aussi bien que le peuple, avoient cru que l'ame et le corps agissoient réellement et physiquement l'un sur l'autre. Descartes vint, qui prouva que leur nature ne permettoit point cette sorte de communication véritable, et qu'ils n'en pouvoient avoir qu'une apparente, dont Dieu étoit le médiateur. On croyoit qu'il n'y avoit que ces deux systèmes possibles : M. Leibnitz en imagina un troisième. Une ame doit avoir par elle-même une certaine suite de pensées, de désirs, de volontés. Un corps qui n'est qu'une machine, doit avoir par lui-même une certaine suite de mouvemens, qui seront déterminés par la combinaison de sa disposition machinale avec les impressions des corps extérieurs. S'il se trouve une ame et un corps tels que toute la suite des volontés de l'ame, d'une part, et de l'autre, toute la suite des mouvemens du corps se répondent exactement, et que dans l'instant, par exemple, que l'ame voudra aller dans un lieu, les deux pieds du corps se meuvent machinalement de ce côté-là, cette ame et ce corps auront un rapport, non par une action réelle de l'un sur l'autre, mais par la correspondance perpétuelle des actions séparées de l'un et de l'autre. Dieu aura mis ensemble l'ame et le corps qui avoient entr'eux cette correspondance antérieure à leur union, cette *harmonie préétablie*. Et il en faut dire autant de tout ce qu'il y a jamais eu, et de tout ce qu'il y aura jamais d'ames et de corps unis.

Ce système donne une merveilleuse idée de l'intelligence infinie du créateur; mais peut-être cela même le rend-il trop sublime pour nous. Il a toujours pleinement contenté son auteur; cependant il n'a pas fait jusqu'ici, et il ne paroît pas devoir faire la même fortune que celui de Descartes. Si tous les deux succomboient aux objections, il faudroit, ce qui seroit bien pénible pour les philosophes, qu'ils renonçassent à se tourmenter davantage sur l'union de l'ame et du corps. M. Descartes et M. Leibnitz les justifieroient de n'en plus chercher le secret.

M. Leibnitz avoit encore sur la métaphysique beaucoup d'autres pensées particulières. Il croyoit, par exemple, qu'il y a partout des substances simples, qu'il appeloit *monades* ou *unités*, qui sont les vies, les ames, les esprits qui peuvent dire *moi*, qui, selon le lieu où elles sont, reçoivent des impressions de tout l'univers, mais confuses à cause de leur multitude, ou qui, pour employer à peu près ses propres termes, sont des miroirs sur lesquels tout l'univers rayonne selon qu'ils lui sont exposés. Par-là, il expliquoit les perceptions. Une monade est d'autant plus parfaite, qu'elle a des perceptions plus distinctes. Les monades, qui sont des ames humaines, ne sont pas seulement des miroirs de l'univers, des créatures, mais des miroirs ou images de Dieu même; et comme en vertu de la raison et des vérités éternelles elles entrent en une espèce de société avec lui, elles deviennent membres de la cité de Dieu. Mais c'est faire tort à ces sortes d'idées, que d'en détacher quelques-unes de tout le système, et d'en rompre le précieux enchaînement, qui les éclaircit et les fortifie. Ainsi, nous n'en dirons pas davantage, et peut-être ce peu que nous avons dit est-il de trop, parce qu'il n'est pas le tout.

On trouvera un assez grand détail de la métaphysique de M. Leibnitz dans un livre imprimé à Londres en 1717. C'est une dispute commencée en 1715 entre lui et le fameux M. Clarke, et qui n'a été terminée que par la mort de M. Leibnitz. Il s'agit entr'eux de l'espace et du temps, du vuide et des atomes, du naturel et du surnaturel, de la liberté, etc. Car heureusement pour le public, la contestation en s'échauffant venoit toujours à embrasser plus de terrain. Les deux savans adversaires devenoient plus forts à proportion l'un de l'autre; et les spectateurs qu'on accuse d'être cruels, seront fort excusables de regretter que ce combat soit sitôt fini : on eût vu le bout des matières, ou qu'elles n'ont point de bout.

Enfin, pour terminer le détail des qualités acquises de M. Leibnitz, il étoit théologien, non pas seulement en tant que philosophe ou métaphysicien, mais théologien dans le sens étroit; il entendoit les différentes parties de la théologie chrétienne, que les simples philosophes ignorent communément à fond; il avoit beaucoup lu et les Pères et les scholastiques.

En 1671, année où il donna les deux théories du mouvement abstrait et concret, il répondit aussi à un savant Socinien, petit-fils de Socin, nommé Wissowatius, qui avoit employé contre la Trinité la dialectique subtile dont cette secte se pique, et qu'il avoit apprise presque avec la langue de sa nourrice. M. Leibnitz fit voir dans un écrit intitulé, *Sacrosancta Trinitas per nova inventa logica defensa*, que la logique ordinaire a de grandes défectuosités; qu'en la suivant, son adversaire pouvoit avoir eu quelques avantages ; mais que si on la réformoit, il les perdoit tous, et que par conséquent la véritable logique étoit favorable à la foi des Orthodoxes.

On étoit si persuadé de sa capacité en théologie, que comme on avoit proposé vers le commencement de ce siècle un mariage entre un grand prince catholique et une princesse luthérienne, il fut appelé aux conférences qui se tinrent sur les moyens de se concilier à l'égard de la religion. Il n'en résulta rien, sinon que M. Leibnitz admira la fermeté de la princesse.

Le savant évêque de Salisbury, M. Burnet, ayant eu sur la réunion de l'église anglicane avec la luthérienne, des vues qui avoient été fort goûtées par des théologiens de la confession d'Augsbourg, M. Leibnitz fit voir que cet évêque, tout habile qu'il étoit, n'avoit pas tout-à-fait bien pris le nœud de cette controverse, et l'on prétend que l'évêque en convint. On sait assez qu'il s'agit là des dernières finesses de l'art, et qu'il faut être véritablement théologien même pour s'y méprendre.

Il parut ici en 1692 un livre intitulé, *de la tolérance des religions*. M. Leibnitz la soutenoit contre feu M. Pelisson, devenu avec succès théologien et controversiste. Ils disputoient par lettres, et avec une politesse exemplaire. Le caractère naturel de M. Leibnitz le portoit à cette tolérance, que les esprits doux souhaiteroient d'établir, mais dont après cela ils auroient assez de peine à marquer les bornes, et à prévenir les mauvais effets. Malgré la grande estime qu'on avoit pour lui, on imprima tous ses raisonnemens avec privilège, tant on se fioit aux réponses de M. Pelisson.

Le plus grand ouvrage de M. Leibnitz, qui se rapporte à la théologie, est sa *Théodicée*, imprimée en 1710. On connoît assez les difficultés que M. Bayle avoit proposées sur l'origine du mal, soit physique, soit moral. M. Leibnitz, qui craignit l'impression qu'elles pouvoient faire sur quantité d'esprits, entreprit d'y répondre.

Il commence par mettre dans le ciel M. Bayle qui étoit mort, celui dont il vouloit détruire les dangereux raisonnemens. Il lui applique ces vers de Virgile :

Candidus insueti miratur limen Olympi,
Sub pedibusque videt nubes et sidera Daphnis.

Il dit que M. Bayle voit présentement le vrai dans sa source ; charité rare parmi les théologiens, à qui il est fort familier de damner leurs adversaires.

Voici le gros du système. Dieu voit une infinité de mondes ou d'univers possibles, qui tous prétendent à l'existence. Celui en qui la combinaison du bien métaphysique, physique et moral, avec les maux opposés, fait un *meilleur*, semblable aux *plus grands* géométriques, est préféré ; de-là le mal quelconque permis, et non pas voulu. Dans cet univers qui a mérité la préférence, sont comprises les douleurs et les mauvaises actions des hommes ; mais dans le moindre nombre, et avec les suites les plus avantageuses qu'il soit possible.

Cela se fait encore mieux sentir par

une idée philosophique, théologique, et poëtique tout ensemble. Il y a un dialogue de Laurent Valla, où cet auteur feint que Sextus fils de Tarquin le superbe va consulter Apollon à Delphes sur sa destinée. Apollon lui prédit qu'il violera Lucrèce.

Sextus se plaint de la prédiction. Apollon répond que ce n'est pas sa faute, qu'il n'est que devin; que Jupiter a tout réglé; et que c'est à lui qu'il faut se plaindre. Là finit le dialogue, où l'on voit que Valla sauve la prescience de dieu aux dépens de sa bonté; mais ce n'est pas là comme M. Leibnitz l'entend, il continue selon son système la fiction de Valla. Sextus va à Dodone se plaindre à Jupiter du crime auquel il est destiné. Jupiter lui répond qu'il n'a qu'à ne point aller à Rome; mais Sextus déclare nettement qu'il ne peut renoncer à l'espérance d'être roi, et s'en va. Après son départ, le grand-prêtre Théodore demande à Jupiter pourquoi il n'a pas donné une autre volonté à Sextus. Jupiter envoye Théodore à Athènes consulter Minerve. Elle lui montre le palais des Destinées, où sont les tableaux de tous les univers possibles, depuis le *pire* jusqu'au *meilleur*. Théodore voit dans le meilleur le crime de Sextus, d'où naît la liberté de Rome, un gouvernement fécond en vertus, un empire utile à une grande partie du genre humain, etc. Théodore n'a plus rien à dire.

La Théodicée seule suffiroit pour représenter M. Leibnitz. Une lecture immense, des anecdotes curieuses sur les livres ou les personnes, beaucoup d'équité et même de faveur pour tous les auteurs cités, fût-ce en les combattant, des vues sublimes et lumineuses, des raisonnemens au fond desquels on sent toujours l'esprit géométrique, un style où la force domine, et où cependant sont admis les agrémens d'une imagination heureuse.

Nous devrions présentement avoir épuisé M. Leibnitz; il ne l'est pourtant pas encore, non parceque nous avons passé sous silence un très-grand nombre de choses particulières qui auroient peut-être suffi pour l'éloge d'un autre, mais parce qu'il en reste une d'un genre tout différent; c'est le projet qu'il avoit conçu d'une langue philosophique et universelle. Wilkins évêque de Chester, et Dalgarme, y avoient travaillé; mais dès le temps qu'il étoit en Angleterre, il avoit dit à messieurs Boyle et d'Oldenbourg, qu'il ne croyoit pas que ces grands hommes eussent encore frappé au but. Ils pouvoient bien faire que des nations qui ne s'entendoient pas, eussent aisément commerce; mais ils n'avoient pas attrapé les véritables caractères *réels*, qui étoient l'instrument le plus fin dont l'esprit humain se pût servir, et qui devoient extrêmement faciliter et le raisonnement, et la mémoire, et l'invention des choses. Ils devoient ressembler, autant qu'il étoit possible, aux caractères d'algèbre, qui en effet sont très-simples et très-expressifs, qui n'ont jamais ni superfluité, ni équivoque, et dont toutes les variétés sont raisonnées. Il a parlé en quelque endroit d'un *Alphabet des pensées humaines* qu'il méditoit. Selon toutes les apparences, cet alphabet avoit rapport à sa langue universelle. Après l'avoir trouvée, il eût encore fallu, quelque commode et quelque utile qu'elle eût été, trouver l'art de persuader aux différens peuples de s'en servir, et ce n'eût pas été là le moins difficile. Ils ne s'accordent qu'à n'entendre point leurs intérêts communs.

Jusqu'ici nous n'avons vu que la vie savante de M. Leibnitz, ses talens, ses ouvrages, ses projets; il reste le détail des événemens de sa vie particulière.

Il étoit dans la société secrète des chimistes de Nuremberg, lorsqu'il rencontra par hasard à la table de l'hôtellerie où il mangeoit, M. le baron de Boinebourg, ministre de l'électeur de Mayence, Jean-Philippe. Ce seigneur s'aperçut promptement du mérite d'un jeune homme encore inconnu; il lui fit refuser des offres considérables que lui faisoit le Comte Palatin, pour récompense du livre de George Ulicovius, et voulut absolument l'attacher à son maître et à lui. En 1668, l'électeur de Mayence le fit conseiller de la chambre de révision de sa chancellerie.

M. de Boinebourg avoit des relations à la cour de France, et de plus il avoit envoyé son fils à Paris pour y faire ses études et ses exercices. Il engagea M. Leibnitz à y aller aussi en 1672, tant par rapport aux affaires, qu'à la conduite du jeune homme. M. de Boinebourg étant mort en 1673, il passa en

Angleterre, où peu de temps après il apprit aussi la mort de l'électeur de Mayence, qui renversoit les commencemens de sa fortune. Mais le duc de Brunswick-Lunebourg se hâta de se saisir de lui pendant qu'il étoit vacant ; il lui écrivit une lettre très-honorable, et très-propre à lui faire sentir qu'il étoit bien connu ; ce qui est le plus doux et le plus rare plaisir des gens de mérite. Il reçut avec toute la joie et toute la reconnoissance qu'il devoit, la place de conseiller et une pension qui lui étoient offertes.

Cependant il ne partit pas sur-le-champ pour l'Allemagne. Il obtint permission de retourner encore à Paris, qu'il n'avoit pas épuisé à son premier voyage. De-là il repassa en Angleterre où il fit peu de séjour, et enfin se rendit en 1676 auprès du duc Jean-Frédéric. Il y eut une considération qui appartiendroit autant et peut-être plus à l'éloge de ce prince qu'à celui de M. Leibnitz.

Trois ans après il perdit ce grand protecteur, auquel succéda le duc Ernest-Auguste, alors évêque d'Osnabruck. Il passa à ce nouveau maître, qui ne le connut pas moins bien. Ce fut sur ses vues et par ses ordres qu'il s'engagea à écrire l'histoire de Brunswick, et en 1687 il commença les voyages qui y avoient rapport. L'électeur Ernest-Auguste le fit en 1696 son conseiller privé de justice. On ne croit point en Allemagne que les savans soient incapables des charges.

En 1699, il fut mis à la tête des associés étrangers de cette académie. Il n'avoit tenu qu'à lui d'y avoir place beaucoup plutôt, et à titre de pensionnaire. Pendant qu'il étoit à Paris, on voulut l'y fixer fort avantageusement, pourvu qu'il se fît catholique; mais tout tolérant qu'il étoit, il rejeta absolument cette condition.

Comme il avoit une extrême passion pour les sciences, il voulut leur être utile, non-seulement par ses découvertes, mais par la grande considération où il étoit. Il inspira à l'électeur de Brandebourg le dessein d'établir une académie des sciences à Berlin, ce qui fut entièrement fini en 1700 sur le plan qu'il avoit donné. L'année suivante, cet électeur fut déclaré roi de Prusse. Le nouveau royaume et la nouvelle académie prirent naissance presque en même temps. Cette compagnie, selon le génie de son fondateur, embrassoit, outre la physique et les mathématiques, l'histoire sacrée et profane, et toute l'antiquité. Il en fut fait président perpétuel, et il n'y eut point de jaloux.

En 1710 parut un volume de l'académie de Berlin, sous le titre de *Miscellanea Berolinensia*.

Là M. Leibnitz paroît en divers endroits sous presque toutes ses différentes formes, d'historien, d'antiquaire, d'étymologiste, de physicien, de mathématicien ; on y peut ajouter celle d'orateur, à cause d'une fort belle épître dédicatoire adressée au roi de Prusse. Il n'y manque que celle de jurisconsulte et de théologien, dont la constitution de son académie ne lui permettoit pas de se revêtir.

Il avoit les mêmes vues pour les états de l'électeur de Saxe, roi de Pologne, et il vouloit établir à Dresde une académie qui eût correspondance avec celle de Berlin ; mais les troubles de Pologne lui ôtèrent toute espérance de succès.

En récompense il s'ouvrit à lui en 1711 un champ plus vaste, et qui n'avoit point été cultivé. Le czar, qui a conçu la plus grande et la plus noble pensée qui puisse tomber dans l'esprit d'un souverain, celle de tirer ses peuples de la barbarie, et d'introduire chez eux les sciences et les arts, alla à Torgau pour le mariage du prince son fils aîné avec la princesse Charlotte-Christine, et y vit et consulta beaucoup M. Leibnitz sur son projet. Le sage étoit précisément tel que le monarque méritoit de le trouver.

Le czar fit à M. Leibnitz un magnifique présent, et lui donna le titre de son conseiller privé de justice, avec une pension considérable. Mais, ce qui est encore plus glorieux pour lui, l'histoire de l'établissement des sciences en Moscovie ne pourra jamais l'oublier, et son nom y marchera à la suite de celui du czar. C'est un bonheur rare pour un sage moderne qu'une occasion d'être législateur de barbares. Ceux qui l'ont été dans les premiers temps, sont ces chantres miraculeux qui attiroient les rochers et bâtissoient des villes avec la lyre; et M. Leibnitz eût été travesti par la fable en Orphée ou en Amphion.

Il n'y a point de prospérité continue.

Le roi de Prusse mourut en 1713, et le goût du roi son successeur entièrement déclaré pour la guerre, menaçoit l'académie de Berlin d'une chute prochaine. M. Leibnitz songea à procurer aux sciences un siège plus assuré, et se tourna du côté de la cour impériale. Il y trouva le prince Eugène, qui pour être un si grand général, et fameux par tant de victoires, n'en aimoit pas moins les sciences, et qui favorisa de tout son pouvoir le dessein de M. Leibnitz. Mais la peste survenue à Vienne rendit inutiles tous les mouvemens qu'il s'étoit donnés pour y former une Académie. Il n'eut qu'une assez grosse pension de l'empereur, avec des offres très-avantageuses, s'il vouloit demeurer dans sa cour. Dès le temps du couronnement de ce prince, il avoit déjà eu le titre de conseiller aulique.

Il étoit encore à Vienne en 1714, lorsque mourut la reine Anne, à laquelle succéda l'électeur d'Hanovre, qui réunissoit sous sa domination un électorat, les trois royaumes de la Grande-Bretagne, M. Leibnitz et M. Newton. M. Leibnitz se rendit à Hanovre; mais il n'y trouva plus le roi, et il n'étoit plus d'âge à le suivre jusqu'en Angleterre. Il lui marqua son zèle plus utilement par des réponses qu'il fit à quelques libelles anglais publiés contre S. M.

Le roi d'Angleterre repassa en Allemagne, où M. Leibnitz eut enfin la joie de le voir roi. Depuis ce temps sa santé baissa toujours; il étoit sujet à la goutte, dont les attaques devenoient plus fréquentes. Elle lui gagna les épaules; et l'on croit qu'une certaine tisane particulière qu'il prit dans un grand accès, et qui ne passa point, lui causa les convulsions et les douleurs excessives dont il mourut en une heure le 14 novembre 1716. Dans les derniers momens qu'il put parler, il raisonnoit sur la manière dont le fameux Furtenbach avoit changé la moitié d'un clou de fer en or.

Le savant M. Eckard, qui avoit vécu dix-neuf ans avec lui, qui l'avoit aidé dans tous ses travaux historiques, et que le roi d'Angleterre a choisi en dernier lieu pour être historiographe de sa maison, et son bibliothécaire à Hanovre, prit soin de lui faire une sépulture très-honorable, ou plutôt une pompe funèbre. Toute la cour y fut invitée, et personne n'y parut. M. Eckard dit qu'il en fut fort étonné; cependant les courtisans ne firent que ce qu'ils devoient; le mort ne laissoit après lui personne qu'ils eussent à considérer, et ils n'eussent rendu ce dernier devoir qu'au mérite.

M. Leibnitz ne s'étoit point marié; il y avoit pensé à l'âge de cinquante ans; mais la personne qu'il avoit en vue voulut avoir le temps de faire ses réflexions. Cela donna à M. Leibnitz le loisir de faire aussi les siennes, et il ne se maria point.

Il étoit d'une forte complexion. Il n'avoit guère eu de maladies, excepté quelques vertiges dont il étoit quelquefois incommodé, et la goutte. Il mangeoit beaucoup, et buvoit peu, quand on ne le forçoit pas, et jamais de vin sans eau. Chez lui, il étoit absolument le maître, car il y mangeoit toujours seul. Il ne régloit pas ses repas à de certaines heures, mais selon ses études; il n'avoit point de ménage, et envoyoit querir chez un traiteur la première chose trouvée. Depuis qu'il avoit la goutte, il ne dînoit que d'un peu de lait, mais il faisoit un grand souper, sur lequel il se couchoit à une heure ou deux après minuit. Souvent il ne dormoit qu'assis sur une chaise, et ne s'en réveilloit pas moins frais à sept ou huit heures du matin. Il étudioit de suite, et il a été des mois entiers sans quitter le siége, pratique fort propre à avancer beaucoup un travail, mais fort malsaine. Aussi croit-on qu'elle lui attira une flaxion sur la jambe droite, avec un ulcère ouvert. Il y voulut remédier à sa manière, car il consultoit peu les médecins, et il vint à ne pouvoir presque plus marcher, ni quitter le lit.

Il faisoit des extraits de tout ce qu'il lisoit, et y ajoutoit ses réflexions, après quoi il mettoit tout cela à part, et ne le regardoit plus. Sa mémoire, qui étoit admirable, ne se déchargeoit point, comme à l'ordinaire, des choses qui étoient écrites, mais seulement l'écriture avoit été nécessaire pour les y graver à jamais. Il étoit toujours prêt à répondre sur toutes sortes de matières, et le roi d'Angleterre l'appeloit son *Dictionnaire vivant.*

Il s'entretenoit volontiers avec toutes sortes de personnes, gens de cour, artisans, laboureurs, soldats. Il n'y a guère d'ignorant qui ne puisse apprendre quelque chose au plus savant homme du monde, et en tout cas le savant s'instruit encore quand il sait bien considérer l'ignorant. Il s'entretenoit même souvent avec les dames, et ne comptoit point pour perdu le temps qu'il donnoit à leur conversation. Il se dépouilloit parfaitement avec elles du caractère de savant et de philosophe, caractères cependant presque indélébiles, et dont elles apercevroient bien finement et avec bien du dégoût les traces les plus légères. Cette facilité de se communiquer le faisoit aimer de tout le monde : un savant illustre qui est populaire et familier, c'est presque un prince qui le seroit aussi ; le prince a pourtant beaucoup d'avantage.

M. Leibnitz avoit un commerce de lettres prodigieux. Il se plaisoit à entrer dans les travaux ou dans les projets de tous les savans de l'Europe; il leur fournissoit des vues; il les animoit, et certainement il prêchoit d'exemple. On étoit sûr d'une réponse dès qu'on lui écrivoit, ne se fût-on proposé que l'honneur de lui écrire. Il est impossible que ses lettres ne lui aient emporté un temps très-considérable, mais il aimoit autant l'employer au profit ou à la gloire d'autrui, qu'à son profit ou à sa gloire particulière.

Il étoit toujours d'une humeur gaie, et à quoi serviroit sans cela d'être philosophe? On l'a vu fort affligé à la mort du feu roi de Prusse, et de l'électrice Sophie. La douleur d'un tel homme est la plus belle oraison funèbre.

Il se mettoit aisément en colère, mais il en revenoit aussitôt. Ses premiers mouvemens n'étoient pas d'aimer la contradiction sur quoi que ce fût; mais il ne falloit qu'attendre les seconds; et en effet ses seconds mouvemens, qui sont les seuls dont il reste des marques, lui feront éternellement honneur.

On l'accuse de n'avoir été qu'un grand et rigide observateur du droit naturel. Ses pasteurs lui en ont fait des réprimandes publiques et inutiles.

On l'accuse aussi d'avoir aimé l'argent. Il avoit un revenu très-considérable en pensions du duc de Wolfembutel, du roi d'Angleterre, de l'empereur, du czar, et vivoit toujours assez grossièrement. Mais un philosophe ne peut guère, quoiqu'il devienne riche, se tourner à des dépenses inutiles et fastueuses qu'il méprise. De plus, M. Leibnitz laissoit aller le détail de sa maison comme il plaisoit à ses domestiques, et il dépensoit beaucoup en négligence. Cependant la recette étoit toujours la plus forte, et on lui trouva après sa mort une grosse somme d'argent comptant qu'il avoit caché. C'étoient deux années de son revenu. Ce trésor lui avoit causé pendant sa vie de grandes inquiétudes, qu'il avoit confiées à un ami; mais il fut encore plus funeste à la femme de son seul héritier, fils de sa sœur, qui étoit curé d'une paroisse près de Leipsick. Cette femme, en voyant tant d'argent ensemble qui lui appartenoit, fut si saisie de joie, qu'elle en mourut subitement.

M. Eckard promet une vie plus complète de M. Leibnitz; c'est aux mémoires qu'il a eu la bonté de me fournir, qu'on en doit déjà cette ébauche. Il rassemblera en un volume toutes les pièces imprimées de ce grand homme, éparses en une infinité d'endroits, de quelque espèce qu'elles soient. Ce sera là, pour ainsi dire, une résurrection d'un corps dont les membres étoient extrêmement dispersés, et le tout prendra une nouvelle vie par cette réunion. De plus, M. Eckard donnera toutes les œuvres posthumes qui sont achevées, et des *Leibnitiana* qui ne seront pas la partie du recueil la moins curieuse. Enfin il continuera l'histoire de Brunswick, dont M. Leibnitz n'a fait que ce qui est depuis le commencement du règne de Charlemagne jusqu'à l'an 1005. C'est prolonger la vie des grands hommes, que de poursuivre dignement leurs entreprises.

ÉLOGE
DE
M. D'ARGENSON.

Marc-René de Voyer de Paulmy d'Argenson naquit à Venise le 4 novembre 1652, de René de Voyer de Paulmy, chevalier, comte d'Argenson, et de dame Marguerite Houllier de la Poyade, la plus riche héritière de l'Angoumois.

La maison de Voyer remonte par des titres et par des filiations bien prouvées jusqu'à Etienne de Voyer, sire de Paulmy, qui accompagna St.-Louis dans ses deux voyages d'outre-mer. Il avoit épousé Agathe de Beauvau. Depuis lui on voit toujours la seigneurie de Paulmy en Touraine possédée par ses descendans; toujours des charges militaires, des gouvernemens de villes ou de provinces, des alliances avec les plus grandes maisons, telles que celles de Montmorency, de Laval, de Sancerre, de Conflans. Ainsi, nous pouvons négliger tout ce qui précède cet Etienne, et nous dispenser d'aller jusqu'à un Basile, chevalier grec, mais d'origine française, qui sous l'empire de Charles-le-Chauve sauva la Touraine de l'invasion des Normands, et eut de l'empereur la terre de Paulmy pour récompense. S'il y a du fabuleux dans l'origine des grandes noblesses, du moins il y a une sorte de fabuleux qui n'appartient qu'à elles, et qui devient lui-même un titre.

Au commencement du règne de Louis XIII, René de Voyer, fils de Pierre, chevalier de l'Ordre et grand-bailli de Touraine, et qui avoit pris le nom d'Argenson d'une terre entrée dans sa maison par sa grand'mère paternelle, alla apprendre le métier de la guerre en Hollande, qui étoit alors la meilleure école militaire de l'Europe. Mais l'autorité de sa mère, Elisabeth Hurant de Chiverny, nièce du chancelier de ce nom, les conjonctures des affaires générales et des siennes, des espérances plus flatteuses et plus prochaines qu'on lui fit voir dans le parti de la robe, le déterminèrent à l'embrasser; il fut le premier magistrat de son nom, mais presque sans quitter l'épée; car ayant été reçu conseiller au parlement de Paris en 1620, âgé de 24 ans, et bientôt après ayant passé à la charge de maître des requêtes, il servit en qualité d'intendant au siége de la Rochelle, et dans la suite il n'eut plus ou que des intendances d'armées, ou que des intendances de provinces, dont il falloit réprimer les mouvemens excités soit par les seigneurs, soit par les calvinistes. Les besoins de l'état le firent souvent changer de poste, et l'envoyèrent toujours dans les plus difficiles. Quand la Catalogne se donna à la France, il fut mis à la tête de cette nouvelle province, dont l'administration demandoit un mélange singulier, et presque unique, de hauteur et de douceur, de hardiesse et de circonspection. Dans un grand nombre de marches d'armées, de retraites, de combats, de sièges; il servit autant de sa personne, et beaucoup plus de son esprit, qu'un homme de guerre ordinaire; l'enchaînement des affaires l'engagea aussi dans des négociations délicates avec des puissances voisines, surtout avec la maison de Savoye alors divisée. Enfin, après tant d'emplois et de travaux, se croyant quitte envers sa patrie, il songea à une retraite qui lui fût plus utile que tout ce qu'il avoit fait; et comme il étoit veuf, il se mit dans l'état ecclésiastique ; mais le dessein que la cour forma de ménager la paix du Turc avec Venise, le fit nommer ambassadeur extraordinaire vers cette république ; et il n'accepta l'ambassade que par un motif de religion, et à condition qu'il n'y seroit pas plus d'un an, et que quand il en sortiroit, son fils, que l'on faisoit dès-lors conseiller d'état, lui succéderoit. A peine étoit-il arrivé à Venise en 1651, qu'il fut pris, en disant la messe, d'une fièvre violente dont il mourut en quatorze jours. Son fils aîné, qui avoit eu à vingt-un ans l'intendance d'Angoumois, Aunis et Saintonge, se trouva à vingt-sept ans ambassadeur à Venise. Il fit élever à son père dans l'église de Saint-Job un mausolée, qui étoit un ornement, même pour une aussi superbe ville, et le sénat s'engagea par un acte public à avoir soin de le conserver.

Pendant le cours de son ambassade,

qui dura cinq ans, naquit à Venise M. d'Argenson. La république voulut être sa marraine, lui donna le nom de Marc, le fit chevalier de Saint-Marc, et lui permit à lui, et à toute sa postérité, de mettre sur *le tout* de leurs armes celles de l'Etat avec le cimier et la devise, témoignages authentiques de la satisfaction qu'on avoit de l'ambassadeur.

Son ambassade finie, il se retira dans ses terres, peu satisfait de la cour, et avec une fortune assez médiocre, et n'eut plus d'autres vues que celle de la vie à venir. Le fils, trop jeune pour une si grande inaction, vouloit entrer dans le service ; mais des convenances d'affaires domestiques lui firent prendre la charge de lieutenant-général au présidial d'Angoulême, qui lui venoit de son aïeul maternel. Les magistrats que le roi envoya tenir les grands jours en quelques provinces, le connurent dans leur voyage, et sentirent bientôt que son génie et ses talens étoient trop à l'étroit sur un si petit théâtre. Ils l'exhortèrent vivement à venir à Paris, et il y fut obligé par quelques démêlés qu'il eut avec sa compagnie. La véritable cause n'en étoit peut-être que cette même supériorité de génie et de talens un peu trop mise au jour et trop exercée.

A Paris, il fut bientôt connu de M. de Pontchartrain, alors contrôleur-général, qui pour s'assurer de ce qu'il valoit, n'eut besoin ni d'employer toute la finesse de sa pénétration, ni de le faire passer par beaucoup d'essais sur des affaires de finances, dont il lui confioit le soin. On l'obligea à se faire maître des requêtes sur la foi de son mérite, et au bout de trois ans il fut lieutenant-général de police de la ville de Paris en 1697.

Les citoyens d'une ville bien policée jouissent de l'ordre qui y est établi, sans songer combien il en coûte de peines à ceux qui l'établissent, ou le conservent, à peu près comme tous les hommes jouissent de la régularité des mouvemens célestes sans en avoir aucune connoissance ; et même plus l'ordre d'une police ressemble par son uniformité à celui des corps célestes, plus il est insensible, et par conséquent il est toujours d'autant plus ignoré, qu'il est plus parfait. Mais qui voudroit le connoître et l'approfondir, en seroit effrayé. Entretenir perpétuellement dans une ville telle que Paris une consommation immense dont une infinité d'accidens peuvent toujours tarir quelques sources ; réprimer la tyrannie des marchands à l'égard du public, et en même temps animer leur commerce ; empêcher les usurpations mutuelles des uns sur les autres, souvent difficiles à démêler ; reconnoître dans une foule infinie tous ceux qui peuvent si aisément y cacher une industrie pernicieuse, en purger la société, ou ne les tolérer qu'autant qu'ils lui peuvent être utiles par des emplois dont d'autres qu'eux ne se chargeroient pas, ou ne s'acquitteroient pas si bien; tenir les abus nécessaires dans les bornes précises de la nécessité qu'ils sont toujours prêts à franchir, les renfermer dans l'obscurité à laquelle ils doivent être condamnés, et ne les en tirer pas même par des châtimens trop éclatans; ignorer ce qu'il vaut mieux ignorer que punir, et ne punir que rarement et utilement; pénétrer par des conduits souterrains dans l'intérieur des familles, et leur garder les secrets qu'elles n'ont pas confiés, tant qu'il n'est pas nécessaire d'en faire usage; être présent par-tout sans être vu; enfin, mouvoir ou arrêter à son gré une multitude immense et tumultueuse, et être l'ame toujours agissante, et presque inconnue de ce grand corps; voilà quelles sont en général les fonctions du magistrat de la police. Il ne semble pas qu'un homme seul y puisse suffire, ni par la quantité des choses dont il faut être instruit, ni par celles des vues qu'il faut suivre, ni par l'application qu'il faut apporter, ni par la variété des conduites qu'il faut tenir, et des caractères qu'il faut prendre; mais la voix publique répondra si M. d'Argenson a suffi à tout.

Sous lui la propreté, la tranquillité, l'abondance, la sûreté de la ville furent portées au plus haut degré. Aussi le feu roi se reposoit-il entièrement de Paris sur ses soins. Il eût rendu compte d'un inconnu qui s'y seroit glissé dans les ténèbres; cet inconnu, quelque ingénieux qu'il fût à se cacher, étoit toujours sous ses yeux; et si enfin quelqu'un lui échappoit, du moins, ce qui fait presque un effet égal, personne n'eût osé se croire bien caché. Il avoit mérité que dans certaines occasions importantes, l'autorité souveraine et indépendante des formalités appuyât ses démarches ; car la justice seroit quelquefois hors d'état d'agir, si elle n'osoit jamais se débarrasser de tant de sages liens dont elle s'est chargée elle-même.

Environné et accablé dans ses audiences d'une foule de gens du menu peuple pour la plus grande partie, peu instruits même de ce qui les amenoit, vivement agités d'intérêts très-légers et souvent très-mal entendus, accoutumés à mettre à la place du discours un bruit insensé, il n'avoit ni l'inattention, ni le dédain qu'auroient pu s'attirer les personnes ou les matières; il se donnoit tout entier aux détails les plus vils, ennoblis à ses yeux par leur liaison nécessaire avec le bien public; il se conformoit aux façons de penser les plus basses et les plus grossières ; il parloit à chacun sa langue, quelque étrangère qu'elle lui fût; il accommodoit la raison à l'usage de ceux qui la connoissoient le moins; il concilioit avec bonté des esprits farouches, et n'employoit la décision d'autorité qu'au défaut de la conciliation. Quelquefois des contestations peu susceptibles ou peu dignes d'un jugement sérieux, il les terminoit par un trait de vivacité plus convenable et aussi efficace. Il s'égayoit à lui-même, autant que la magistrature le permettoit, des fonctions souverainement ennuyeuses et désagréables, et il leur prêtoit de son propre fonds de quoi le soutenir dans un si rude travail.

La cherté étant excessive dans les années 1709 et 1710, le peuple injuste parce qu'il souffroit, s'en prenoit en partie à M. d'Argenson, qui cependant tâchoit par toutes sortes de voies de remédier à cette calamité. Il y eut quelques émotions qu'il n'eût été ni prudent ni humain de punir trop sévèrement. Le magistrat les calma, et par la sage hardiesse qu'il eut de les braver, et par la confiance que la populace, quoique furieuse, avoit toujours en lui. Un jour assiégé dans une maison, où une troupe nombreuse vouloit mettre le feu, il en fit ouvrir la porte, se présenta, parla, et apaisa tout. Il savoit quel est le pouvoir d'un magistrat sans armes; mais on a beau le savoir, il faut un grand courage pour s'y fier. Cette action fut récompensée ou suivie de la dignité de conseiller d'état.

Il n'a pas seulement exercé son courage dans des occasions où il s'agissoit de sa vie autant que du bien public, mais encore dans celles où il n'y avoit pour lui aucun péril que volontaire. Il n'a jamais manqué de se trouver aux incendies, et d'y arriver des premiers. Dans ces momens si pressans et dans cette affreuse confusion, il donnoit les ordres pour le secours, et en même-temps il en donnoit l'exemple, quand le péril étoit assez grand pour le demander. A l'embrâsement des chantiers de la porte Saint-Bernard, il falloit, pour prévenir un embrâsement général, traverser un espace de chemin occupé par les flammes. Les gens du port et les détachemens du régiment des gardes hésitoient à tenter ce passage. M. d'Argenson le franchit le premier, et se fit suivre des plus braves, et l'incendie fut arrêté. Il eut une partie de ses habits brûlés, et fut plus de vingt heures sur pied dans une action continuelle. Il étoit fait pour être Romain, et pour passer du sénat à la tête d'une armée.

Quelque étendue que fût l'administration de la police, le feu roi ne permit pas que M. d'Argenson s'y renfermât entièrement, il l'appeloit souvent à d'autres fonctions plus élevées et plus glorieuses, ne fût-ce que par la relation immédiate qu'elles donnoient avec le maître, relation toujours si précieuse et si recherchée. Tantôt il s'agissoit d'accommodemens entre personnes importantes, dont il n'eût pas été à propos que les contestations éclatassent dans les tribunaux ordinaires, et dont les noms exigeoient un certain respect auquel le public eût manqué. Tantôt c'étoient des affaires d'état qui demandoient des expédiens prompts, un mystère adroit, et une conduite déliée. Enfin M. d'Argenson vint à exercer réglément auprès du roi un ministère secret et sans titre, mais qui n'en étoit que plus flatteur, et n'en avoit même que plus d'autorité.

Comme la jurisdiction de la police le rendoit maître des arts et métiers que l'académie a entrepris de décrire et de perfectionner, ce qui la mettoit dans une relation nécessaire avec lui pour les détails de l'exécution ; et que d'ailleurs il avoit pour les sciences tout le goût, et leur accordoit toute la protection que leur devoit un homme d'autant d'esprit et aussi éclairé, la compagnie voulut se l'acquérir, et elle le nomma en 1716 pour un de ses honoraires. Bientôt après, comme si une dignité si modeste en eût dû annoncer de plus brillantes, le régent du royaume qui avoit commencé par l'honorer de la même confiance et du même ministère secret que le feu roi, le fit entrer dans les plus importantes affaires; et enfin au commencement de 1718 le fit garde des sceaux et président du conseil des finances. Il avoit été lieutenant de police vingt-un ans, et depuis long-temps les suffrages des bons citoyens le nommoient à des places plus élevées; mais la sienne étoit trop difficile à remplir, et la réputation singulière qu'il s'y étoit acquise devenoit un obstacle à son élévation. Il falloit un effort de justice pour le récompenser dignement.

Il fut donc chargé à-la-fois de deux ministères, dont chacun demandoit un grand homme, et tous ses talens se trouvèrent d'un usage heureux. L'expédition des affaires du conseil se sentit de sa vivacité; il accorda ou refusa les graces qui dépendoient du sceau selon sa longue habitude de savoir placer la douceur et la sévérité; surtout il soutint avec sa vigueur et sa fermeté naturelle l'autorité royale, d'autant plus difficile à soutenir dans les minorités, que ce ne sont pas toujours des mal-intentionnés qui résistent. Sa grande application à entrer dans le produit effectif des revenus du roi, le mit en état de faire payer dès la première année qu'il fut à la tête des finances seize millions d'arrérages des rentes de la ville, sans préjudice de l'année courante; et outre le crédit qu'il redonnoit aux affaires, il eut le plaisir de marquer bien solidement aux habitans de Paris l'affection qu'il avoit prise pour eux en les gouvernant. Dans cette même première année il égala la recette et la dépense; équation, pour parler la langue de cette académie, plus difficile que toutes celles de l'algèbre. C'est sous lui qu'on a appris à se passer des traités à forfait, et à établir des régies qui font recevoir au roi seul ses revenus, et le dispensent de les partager avec des espèces d'associés. Enfin il avoit un projet certain pour diminuer par des remboursemens effectifs les dettes de l'état; mais d'autres vues et qui paroissoient plus brillantes, traversèrent les siennes, il céda sans peine aux conjonctures, et se démit des finances au commencement de 1720.

Rendu tout entier à la magistrature, il ne le fut encore que pour peu de temps; mais ce peu de temps valut à l'état un règlement utile. Les bénéfices tombés une fois entre les mains des réguliers, y circuloient ensuite perpétuellement à la faveur de certains artifices ingénieux, qui trompoient la loi en la suivant à la lettre. M. d'Argenson remédia à cet abus par deux déclarations qui préviennent, si cependant on ose l'assurer, surtout en cette matière, tous les stratagêmes de l'intérêt.

Le bien des affaires générales, qui changent si souvent de face, parut demander qu'il remit les sceaux, et il les remit au commencement de juin 1720. Il conservoit pleinement l'estime et l'affection du prince dont il les avoit reçus, et il gagnoit de la tranquillité pour les derniers temps de sa vie. Il n'eût pas besoin de toutes les ressources de son courage pour soutenir ce repos, mais il employa pour en bien user toutes celles de la religion. Il mourut le 8 de mai 1721.

Il avoit une gaieté naturelle et une vivacité d'esprit heureuse et féconde en traits, qui seules auroient fait une réputation à un homme oisif. Elles rendoient témoignage qu'il ne gémissoit pas sous le poids énorme qu'il portoit. Quand il n'étoit question que de plaisir, on eût dit qu'il n'avoit étudié toute sa vie que l'art si difficile, quoique frivole, des agrémens et du badinage. Il ne connoissoit point à l'égard du travail la distinction des jours et des nuits; les affaires avoient seules le droit de disposer de son temps, et il n'en donnoit à tout le reste que ce qu'elles lui laissoient de momens vides, au hasard et irrégulièrement. Il dictoit à trois ou quatre secrétaires à la fois, et souvent chaque lettre eût mérité par sa matière d'être faite à part, et sembloit l'avoir été. Il a quelquefois accommodé à ses propres dépens des procès, même considérables; et un trait rare en fait de finances, c'est d'avoir refusé à un renouvellement de bail cent mille écus qui lui étoient dûs par un usage établi; il les fit porter au trésor royal pour être employés au payement des pensions les plus pressées des officiers de guerre. Quoique les occasions de faire sa cour soient toutes sans nulle distinction, infiniment chères à ceux qui approchent les rois, il en a rejeté un grand nombre, parce qu'il se fût exposé au péril de nuire plus que les fautes ne méritoient. Il a souvent épargné des événemens désagréables à qui n'en savoit rien, et jamais le récit du service n'alloit mendier de la reconnoissance. Autant que par sa sévérité, ou plutôt par son apparence de sévérité il savoit se rendre redoutable au peuple dont il faut être craint, autant par ses manières et par ses bons offices il savoit se faire aimer de ceux que la crainte ne mène pas. Les personnes dont j'entends parler ici sont en si grand nombre et si importantes, que j'affoiblirois son éloge en y faisant entrer la reconnoissance que je lui dois, et que je conserverai toujours pour sa mémoire.

Il avoit épousé dame Marguerite Le

Fèvre de Caumartin, dont il a laissé deux fils, l'un conseiller d'état et intendant de Maubeuge, l'autre son successeur dans la charge de la police, et une fille mariée à M. de Colande, maréchal de camp et commandeur de l'Ordre de Saint-Louis.

ÉLOGE
DU
CZAR PIERRE I.

Comme il est sans exemple que l'académie ait fait l'éloge d'un souverain, en faisant, si on ose le dire, celui d'un de ses membres, nous sommes obligés d'avertir que nous ne regarderons le feu Czar qu'en qualité d'académicien, mais d'académicien roi et empereur, qui a établi les sciences et les arts dans les vastes états de sa domination; et quand nous le regarderons comme guerrier et comme conquérant, ce ne sera que parce que l'art de la guerre est un de ceux dont il a donné l'intelligence à ses sujets.

La Moscovie ou Russie étoit encore dans une ignorance et dans une grossièreté presque pareilles à celles qui accompagnent toujours les premiers âges des nations. Ce n'est pas que l'on ne découvrît dans les Moscovites de la vivacité, de la pénétration, du génie et de l'adresse à imiter ce qu'ils auroient vu ; mais toute industrie étoit étouffée. Les paysans nés esclaves, et opprimés par des seigneurs impitoyables, se contentoient qu'une agriculture grossière leur rapportât précisément de quoi vivre ; ils ne pouvoient ni n'osoient s'enrichir. Les seigneurs eux-mêmes n'osoient paroître riches ; et les arts sont enfans des richesses et de la douceur du gouvernement. L'art militaire, malheureusement aussi indispensable que l'agriculture, n'étoit guère moins négligé : aussi les Moscovites n'avoient-ils étendu leur domination que du côté du Nord et de l'Orient, où ils avoient trouvé des peuples plus barbares; et non du côté de l'Occident et du Midi, où sont les Suédois, les Polonais et les Turcs. La politique des Czars avoit éloigné de la guerre les seigneurs et les gentilshommes, qui en étoient venus à regarder comme une exemption honorable cette indigne oisiveté; et si quelques-uns servoient, leur naissance les avoit faits commandans, et leur tenoit lieu d'expérience. On avoit mis dans les troupes plusieurs officiers allemands, mais qui la plupart simples soldats dans leur pays, et officiers seulement parce qu'ils étoient en Moscovie, n'en savoient pas mieux leur nouveau métier. Les armées russiennes levées par force, composées d'une vile populace, mal disciplinées, mal commandées, ne tenoient guère tête à un ennemi aguerri; et il falloit que des circonstances heureuses et singulières leur missent entre les mains une victoire qui leur étoit assez indifférente. La principale force de l'Empire consistoit dans les strelitz, milice à-peu-près semblable aux janissaires turcs, et redoutable comme eux à ses maîtres, dans le même temps qu'elle les faisoit redouter des peuples. Un commerce foible et languissant étoit tout entier entre les mains de marchands étrangers, que l'ignorance et la paresse des gens du pays n'invitoient que trop à les tromper. La mer n'avoit jamais vu de vaisseaux moscovites, soit vaisseaux de guerre, soit marchands, et tout l'usage du port d'Archangel étoit pour les nations étrangères.

Le christianisme même, qui impose quelque nécessité de savoir, du moins au clergé, laissoit le clergé dans des ténèbres aussi épaisses que le peuple; tous savoient seulement qu'ils étoient de la religion grecque, et qu'il falloit haïr les latins; nul ecclésiastique n'étoit assez, habile pour prêcher devant des auditeurs si peu redoutables; il n'y avoit presque pas de livres dans les plus anciens et les plus riches monastères, même à condition de n'y être pas lus. Il régnoit partout une extrême dépravation de mœurs et de sentimens, qui n'étoit pas seulement, comme ailleurs, cachée sous des dehors légers de bienséance, ou revêtue de quelque apparence d'esprit et de quelques agrémens superficiels. Cependant ce même peuple étoit souverainement fier, plein de mépris pour tout ce qu'il ne connoissoit point; et c'est le comble de l'ignorance que d'être orgueilleuse. Les Czars y avoient contribué en ne permettant point que leurs sujets voyageassent : peut-être craignoit-on qu'ils ne vinssent à ouvrir les yeux sur leur malheureux état. La nation moscovite, peu connue que de ses plus proches voisins, faisoit presque une nation à part, qui n'entroit point dans le système de l'Europe, qui n'avoit que peu de liaison avec les autres puissances, et peu de considération chez elles, et dont à peine étoit-on curieux d'apprendre de temps en temps quelques révolutions importantes.

Tel étoit l'état de la Moscovie, lorsque le prince Pierre naquit le 11 juin 1672 du Czar Alexis Michaëlowitz et de Natalie Kirilouna Nariskin sa seconde femme. Le Czar étant mort en 1676, Fedor ou Théodore son fils aîné lui succéda, et mourut en 1682, après six ans de règne. Le prince Pierre, âgé seulement de dix ans, fut proclamé Czar en sa place au préjudice de Jean, quoiqu'aîné, dont la santé étoit fort foible et l'esprit imbécile. Les Strelitz excités par la princesse Sophie, qui espéroit plus d'autorité sous Jean son frère de père et de mère, et incapable de tout, se révoltèrent en faveur de Jean; et pour éteindre la guerre civile, il fut réglé que les deux frères régneroient ensemble.

Pierre, déjà czar dans un âge si tendre, étoit très-mal élevé, non-seulement par le vice général de l'éducation moscovite, par celui de l'éducation ordinaire des princes, que la flatterie se hâte de corrompre dans le temps même destiné aux préceptes et à la vérité, mais encore plus par les soins de l'ambitieuse Sophie, qui déjà le connoissoit assez pour craindre qu'il ne fût un jour trop grand prince et trop difficile à gouverner. Elle l'environna de tout ce qui étoit capable d'étouffer ses lumières naturelles, de lui gâter le cœur, de l'avilir par les plaisirs. Mais ni la bonne éducation ne fait les grands caractères, ni la mauvaise ne les détruit. Les héros en tout genre sortent tout formés des mains de la nature, et avec des qualités insurmontables. L'inclination du czar Pierre pour les exercices militaires se déclara dès sa première jeunesse : il se plaisoit à battre le tambour ; et ce qui marque bien qu'il ne vouloit pas s'amuser, comme un enfant, par un vain bruit, mais apprendre une fonction de soldat, c'est qu'il cherchoit à s'y rendre habile ; et il devint effectivement au point d'en donner quelquefois des leçons à des soldats qui n'y réussissoient pas si bien que lui.

Le czar Fédor avoit aimé la magnificence en habits et en équipages de chevaux. Pour lui, quoique blessé dès-lors de ce faste, qu'il jugeoit inutile et onéreux, il vit cependant avec plaisir que les sujets, qui n'avoient été jusque-là que trop éloignés de toute sorte de magnificence, en prenoient peu à peu le goût.

Il conçut qu'il pouvoit employer à de plus nobles usages la force de son exemple. Il forma une compagnie de cinquante hommes, commandée par des officiers étrangers, et qui étoient habillés et faisoient leurs exercices à l'allemande. Il prit dans cette troupe le moindre de tous les grades, celui de Tambour. Ce n'étoit pas une représentation frivole qui ne fît que fournir à lui et à sa cour une matière de divertissement et de plaisanterie. Il avoit bien défendu à son capitaine de se souvenir qu'il étoit czar; il servoit avec toute l'exactitude et toute la soumission que demandoit son emploi; il ne vivoit que de sa paye, et ne couchoit que dans une tente de tambour à la suite de sa compagnie. Il devint sergent, après l'avoir mérité au jugement des officiers, qu'il auroit punis d'un jugement trop favorable; et il ne fut jamais avancé que comme un soldat de fortune, dont ses camarades même auroient approuvé l'élévation. Par là il vouloit apprendre aux nobles que la naissance seule n'étoit point un titre suffisant pour obtenir les dignités militaires, et à tous ses sujets que le mérite seul en étoit un. Les bas emplois par où il passoit, la vie dure qu'il y essuyoit, lui donnoient un droit d'en exiger autant, plus fort que celui même qu'il tenoit de son autorité despotique.

A cette première compagnie de cinquante hommes, il en joignit de nouvelles, toujours commandées par des étrangers, toujours disciplinées à la manière d'Allemagne, et il forma enfin un corps considérable. Comme il avoit alors la paix, il faisoit combattre une troupe contre une autre, ou représentoit des siéges de places; il donnoit à ses soldats une expérience qui ne coûtoit point encore de sang; il essayoit leur valeur, et préludoit à des victoires.

Les strelitz regardoient tout cela comme un amusement d'un jeune prince, et se divertissoient eux-mêmes des nouveaux spectacles qu'on leur donnoit. Ce jeu cependant les intéressoit plus qu'ils ne pensoient. Le czar qui les voyoit trop puissans, et d'ailleurs uniquement attachés à la princesse Sophie, cachoit dans le fond de son cœur un dessein formé de les abattre; et il vouloit s'assurer de troupes, et mieux instruites, et plus fidèles.

En même temps il suivoit une autre vue aussi grande et encore plus difficile. Une chaloupe hollandaise, qu'il avoit trouvée sur un lac d'une de ses maisons de plaisance, où elle demeuroit abandonnée et inutile, l'avoit frappé, et ses pensées s'étoient élevées jusqu'à un projet de marine, quelque hardi qu'il dût paroître, et qu'il lui parût peut-être à lui-même.

Il fit d'abord construire à Moscou de petits bâtimens par des Hollandais, ensuite quatre frégates de quatre pièces de canon sur le lac de Périslaf. Déjà il leur avoit appris à se battre les unes contre les autres. Deux campagnes de suite il partit d'Archangel sur des vaisseaux hollandais ou anglais, pour s'instruire par lui-même de toutes les opérations de mer.

Au commencement de 1696 le czar Jean mourut, et Pierre, seul maître de l'Empire, se vit en état d'exécuter ce qu'il n'eût pu avec une autorité partagée. L'ouverture de son nouveau règne fut le siége d'Azof sur les Turcs. Il ne le prit qu'en 1697, après avoir fait venir des Vénitiens pour construire sur le Don des galères qui en fermassent l'embouchure, et empêchassent les Turcs de secourir la place.

Il connut par là mieux que jamais l'importance d'une marine, mais il sentit aussi l'extrême incommodité de n'avoir des vaisseaux que des étrangers, ou de n'en construire que par leurs mains. Il voulut s'en délivrer; et comme ce qu'il méditoit étoit trop nouveau pour être seulement mis en délibération, et que l'exécution de ses vues, confiée à tout autre que lui, étoit plus qu'incertaine, ou du moins très-lente, il prit entièrement sur lui une démarche hardie, bizarre en apparence, et qui, si elle manquoit de succès, ne pouvoit être justifiée qu'auprès du petit nombre de ceux qui reconnoissent le grand partout où il se trouve. En 1698, n'ayant encore régné seul que près de deux ans, il envoya en Hollande une ambassade, dont les chefs étoient M. Lefort, genevois, qu'il honoroit d'une grande faveur, et le comte Golowin grand chancelier; et il se mit dans leur suite *incognito*, pour aller apprendre la construction des vaisseaux.

Il entra à Amsterdam dans la maison de l'amirauté des Indes, et se fit inscrire dans le rôle des charpentiers sous le nom de Pierre Michaëlof, et non de Pierre Michaëlowitz, qu'il eût dû prendre par rapport à son grand-père ; car dans la langue russienne cette différence de terminaison marque un homme du peuple ou un homme de condition, et il ne vouloit pas qu'il restât aucune trace de sa suprême dignité. Il l'avoit entièrement oubliée, ou plutôt il ne s'en étoit jamais si bien souvenu, si elle consiste plus dans des fonctions utiles aux peuples, que dans la pompe et l'éclat qui l'accompagnent. Il travailloit dans le chantier avec plus d'assiduité et plus d'ardeur que ses compagnons, qui n'avoient pas des motifs comparables aux siens. Tout le monde connoissoit le czar, et on se le montroit les uns aux autres avec un respect que s'attiroit moins ce qu'il étoit, que ce qu'il étoit venu faire. Guillaume III roi d'Angleterre, qui se trouvoit alors en Hollande, et qui se connoissoit en mérite personnel, eut pour lui toute la considération réelle qui lui étoit due, l'*incognito* ne retrancha que la fausse et l'apparente.

Avant que de partir de ses états, il avoit envoyé les principaux seigneurs moscovites voyager en différens endroits de l'Europe, leur marquant à chacun, selon les dispositions qu'il leur connoissoit, ce qu'ils devoient particulièrement étudier; il avoit songé aussi à prévenir par la dispersion des grands les périls de son absence. Quelques-uns obéirent de mauvaise grace, et il y en eut un qui demeura quatre ans enfermé chez lui à Venise, pour en sortir avec la satisfaction de n'avoir rien vu ni rien appris. Mais en général l'expédient du czar réussit, les seigneurs s'instruisirent dans les pays étrangers, et l'Europe fut pour eux un spectacle tout nouveau, dont ils profitèrent.

Le czar voyant en Hollande que la construction des vaisseaux ne se faisoit que par pratique et par une tradition d'ouvriers, et ayant appris qu'elle se faisoit en Angleterre sur des plans où toutes les proportions étoient exactement marquées, jugea cette manière préférable, et passa en Angleterre Le roi Guillaume l'y reçut encore; et pour lui faire un présent selon son goût, et qui fût un modèle de l'art qu'il venoit étudier, il lui donna un yacht magnifique.

D'Angleterre le czar repassa en Hollande, pour retourner dans ses états par l'Allemagne, remportant avec lui la science de la construction des vaisseaux, acquise en moins de deux ans, parce qu'il l'avoit acquise par lui-même, et achetée courageusement par une espèce d'abdication de la dignité royale, prix qui auroit paru exorbitant à tout autre souverain.

Il fut rappelé brusquement de Vienne par la nouvelle de la révolte de quarante mille strelitzs. Arrivé à Moscou à la fin de 1699, il les cassa tous sans hésiter, plus sûr du respect qu'ils auroient pour sa hardiesse, que de celui qu'ils devoient à ses ordres. Dès l'année 1700 il eut remis sur pied 30000 hommes d'infanterie réglée, dont faisoient partie les troupes qu'il avoit eu déjà la prévoyance de former et de s'attacher particulièrement.

Alors se déclara dans toute son étendue le vaste projet qu'il avoit conçu. Tout étoit à faire en Moscovie, et rien à perfectionner. Il s'agissoit de créer une nation nouvelle; et, ce qui tient encore de la création, il falloit agir seul, sans secours, sans instrument. L'aveugle politique de ses prédécesseurs avoit presque entièrement détaché la Moscovie du reste du monde; le commerce y étoit ou ignoré, ou négligé au dernier point; et cependant toutes les richesses, et même celles de l'esprit, dépendent du commerce. Le czar ouvrit ses grands états, jusque-là fermés après avoir envoyé ses principaux sujets chercher des connoissances et des lumières chez les étrangers, il attira chez lui tout ce qu'il put d'étrangers capables d'en apporter à ses sujets, officiers de terre et de mer, matelots, ingénieurs, mathématiciens, architectes, gens habiles dans la découverte des mines et dans le travail des métaux, médecins, chirurgiens, artisans, de toutes les espèces.

Toutes ces nouveautés cependant, aisées à décrier par le seul nom de nouveautés, faisoient beaucoup de mécontens; et l'autorité despotique, alors si légitimement employée, n'étoit qu'à peine assez puissante. Le czar avoit affaire à un peuple dur, indocile, devenu paresseux par le peu de fruit de ses travaux, accoutumé à des châtimens cruels et souvent injustes, détaché de l'amour de la vie par une affreuse misère, persuadé par une longue expérience qu'on ne pouvoit travailler à son bonheur, insensible à ce bonheur inconnu. Les changemens les plus indifférens et les plus légers, tels que celui des anciens habits, ou le retranchement des longues barbes, trouvoient une opposition opiniâtre, et suffisoient quelquefois pour causer des séditions. Aussi pour plier la nation à des nouveautés utiles, fallut-il porter la vigueur au-delà de celle qui eût suffi avec un peuple plus doux et plus traitable ; et le czar y étoit d'autant plus obligé, que les Moscovites ne connoissoient la grandeur et la supériorité que par le pouvoir de faire du mal, et qu'un maître indulgent et facile ne leur eût pas paru un grand prince, et à peine un maître.

En 1700, le czar soutenu de l'alliance d'Auguste roi de Pologne, entra en guerre avec Charles XII roi de Suède, le plus redoutable rival de gloire qu'il pût jamais avoir. Charles étoit un jeune prince, non pas seulement ennemi de toute mollesse, mais amoureux des plus violentes fatigues et de la vie la plus dure, recherchant les périls par goût et par volupté, invinciblement opiniâtre dans les extrémités où son courage le portoit; enfin c'étoit Alexandre, s'il eût eu des vices et plus de fortune. On prétend que le czar et lui étoient encore fortifiés par l'erreur spéculative d'une prédestination absolue.

Il s'en falloit beaucoup que l'égalité qui pouvoit être entre les deux souverains ennemis, ne se trouvât entre les deux nations. Des Moscovites qui n'avoient encore qu'une légère teinture de discipline, nulle ancienne habitude de valeur, nulle réputation qu'ils craignissent de perdre, et qui leur enflât le courage, alloient trouver des Suédois exactement disciplinés depuis long-temps, accoutumés à combattre sous une longue suite de rois guerriers leurs généraux, animés par le seul souvenir de leur histoire. Aussi le czar disoit-il en commençant cette guerre : *Je sais bien que mes troupes seront long-temps battues, mais cela même leur apprendra enfin à vaincre.* Il s'armoit d'une patience plus héroïque que la valeur même, et sacrifioit l'intérêt de sa gloire à celui qu'avoient ses peuples de s'aguerrir.

Cependant après que les mauvais succès des premiers commencemens eurent été essuyés, il remporta quelques avantages assez considérables, et la fortune varia, ce qui honoroit déjà assez ses armes. On put espérer de se mesurer bientôt avec les Suédois sans inégalité, tant les Moscovites se formoient rapidement. Au bout de quatre ans le czar avoit déjà fait d'assez grands progrès dans la Livonie et dans l'Ingrie, provinces dépendantes de la Suède, pour être en état de songer à bâtir une place dont le port situé sur la mer Baltique, pût contenir une flotte, et il commença en effet le fameux Pétersbourg en 1704. Jamais tous les efforts des Suédois n'ont pu l'en chasser, et il a rendu Pétersbourg une des meilleures forteresses de l'Europe.

Selon la loi qu'il s'étoit prescrite à lui-même, de n'avancer dans les dignités de la guerre qu'autant qu'il le méritoit, il devoit être avancé. A Grodno en Lithuanie, où se trouvoient le roi de Pologne et les principaux seigneurs de ce royaume, il pria ce prince de prendre le commandement de son armée, et quelques jours après il lui fit proposer en public par le général moscovite Ogilvi de remplir deux places de colonel vacantes. Le roi Auguste répondit qu'il ne connoissoit pas encore assez les officiers moscovites, et lui dit de lui en nommer quelques-uns des plus dignes de ces emplois. Ogilvi lui nomma le prince Alexandre Menzicoff et le lieutenant colonel Pierre Alexiowits, c'est-à-dire le czar. Le roi dit qu'il connoissoit le mérite de Menzicoff, et qu'il lui feroit incessamment expédier le brevet; mais que pour l'autre il n'étoit pas assez informé de ses services. On sollicita pendant cinq ou six jours pour Pierre Alexiowits, et enfin le roi le fit colonel. Si c'étoit là une espèce de comédie, du moins elle étoit instructive, et méritoit d'être jouée devant tous les rois.

Après de grands désavantages qu'il eut contre les Suédois depuis 1704, enfin il remporta sur eux en 1709 devant Pultava une victoire complète; il s'y montra aussi grand capitaine que brave soldat, et il fit sentir à ses ennemis combien ses troupes s'étoient instruites avec eux. Une grande partie de l'armée suédoise fut prisonnière de guerre, et on vit un héros tel que le roi de Suède fugitif sur les terres de Turquie, et ensuite presque captif à Bender. Le czar se crut digne alors de monter au grade de lieutenant général.

Il faisoit manger à sa table les généraux suédois prisonniers; et un jour qu'il but à la santé de ses maîtres dans l'art de la guerre, le comte de Rhinschild, l'un des plus illustres d'entre ces prisonniers, lui demanda qui étoient ceux à qui il donnoit un si beau titre. *Vous*, dit-il, *messieurs les généraux. V. M. est donc bien ingrate*, répliqua le comte, *d'avoir si maltraité ses maîtres.* Le czar, pour réparer en quelque façon cette glorieuse ingratitude, fit rendre aussitôt une épée à chacun d'eux. Il les traita toujours comme auroit fait leur roi, qu'ils auroient rendu victorieux.

Il ne pouvoit manquer de profiter du malheur et de l'éloignement du roi de Suède. Il acheva de conquérir la Livonie et l'Ingrie, et y joignit la Finlande, et une partie de la Poméranie Suédoise.

Il fut plus en état que jamais de donner ses soins à son Pétersbourg naissant. Il ordonna aux seigneurs d'y venir bâtir, et le peupla, tant des anciens artisans de Moscovie, que de ceux qu'il rassembloit de toutes parts.

Il fit construire des galères inconnues jusque-là dans ses mers, pour aller sur les côtes de Suède et de Finlande, pleines de rochers, et inaccessibles aux bâtimens de haut bord. Il acheta des vaisseaux d'Angleterre, et fit travailler sans relâche à en bâtir encore. Il parvint enfin à en bâtir un de quatre-vingt-dix pièces de canon, où il eut le sensible plaisir de n'avoir travaillé qu'avec des ouvriers moscovites. Ce grand navire fut lancé à la mer en 1718, au milieu des acclamations de tout un peuple, et avec une pompe digne du principal charpentier.

La défaite des Suédois à Pultava lui produisit, par rapport à l'établissement-

des arts, un avantage que certainement il n'attendoit pas lui-même. Près de trois mille officiers suédois, furent dispersés dans tous ses états, et principalement en Sibérie, vaste pays qui s'étend jusqu'aux confins de la Chine, et destiné à la punition des Moscovites exilés. Ces prisonniers qui manquoient de subsistance, et voyoient leur retour éloigné et incertain, se mirent presque tous à exercer les différens métiers dont ils pouvoient avoir quelques connoissances, et la nécessité les y rendit promptement assez habiles. Il y eut parmi eux jusqu'à des maîtres de langues et de mathématiques. Ils devinrent une espèce de colonie qui civilisa les anciens habitans; et tel art qui, quoiqu'établi à Moscou ou à Pétersbourg, eût pu être long-temps à pénétrer en Sibérie, s'y trouva porté tout d'un coup.

L'histoire doit avouer les fautes des grands hommes, ils en ont eux-mêmes donné l'exemple. Les Turcs ayant rompu la trêve qu'ils avoient avec le czar, il se laissa enfermer en 1712 par leur armée sur les bords de la rivière de Pruth, dans un poste où il étoit perdu sans ressource. Au milieu de la consternation générale de son armée, la czarine Catherine, qui avoit voulu le suivre, osa seule imaginer un expédient; elle envoya négocier avec le grand visir, en lui laissant entrevoir une grosse somme d'argent. Il se laissa tenter, et la prudence du czar acheva le reste. En mémoire de cet événement, il voulut que la czarine instituât l'ordre de Sainte-Catherine, dont elle seroit le chef, et où il n'entreroit que des femmes. Il éprouva toute la douceur que l'on goûte, non-seulement à devoir beaucoup à ce qu'on aime, mais encore à en faire un aveu éclatant, et qui lui soit glorieux.

Le roi de Suède étant sorti enfin des états du Turc en 1713, après les actions qu'il fit à Bender, et qu'un roman n'auroit osé feindre, le czar se retrouva ce formidable ennemi en tête, mais il étoit fortifié de l'alliance du roi de Danemarck. Il porta la guerre dans le duché de Holstein, allié de la Suède, et en même temps il y porta ses observations continuelles et ses études politiques. Il faisoit prendre par des ingénieurs le plan de chaque ville, et les dessins des différens moulins et des machines qu'il n'avoit pas encore ; il s'informoit de toutes les particularités du labourage et des métiers, et partout il engageoit d'habiles artisans qu'il envoyoit chez lui. A Gottorp, dont le roi de Danemarck étoit alors maître, il vit un grand globe céleste en dedans et terrestre en dehors, fait sur un dessin de Ticho-Brahé. Douze personnes peuvent s'asseoir dedans autour d'une table, et y faire des observations célestes, en faisant tourner cet énorme globe.

La curiosité du czar en fut frappée, il le demanda au roi de Danemarck, et fit venir exprès de Pétersbourg une frégate qui l'y porta. Des astronomes le placèrent dans une grande maison bâtie pour cet usage.

La Moscovie vit en 1714 un spectacle tout nouveau, et que le czar étoit peut-être surpris de lui donner sitôt, un triomphe pour une victoire navale remportée sur les Suédois à Gango vers les côtes de Finlande. La flotte moscovite entra dans le port de Pétersbourg avec les vaisseaux ennemis qu'elle amenoit, et le contre-amiral suédois Ockrenskield prisonnier, chargé de sept blessures. Les troupes débarquées passèrent avec pompe sous un arc de triomphe qu'on avoit élevé; et le czar qui avoit combattu en personne, et qui étoit le vrai triomphateur, moins par sa qualité de souverain, que par celle de premier instituteur de la marine, ne parut dans cette marche qu'à son rang de contre-amiral, dont il avoit alors le titre. Il alla à la citadelle, où le vice-czar Romanodofski, assis sur un trône au milieu d'un grand nombre de sénateurs, le fit appeler, reçut de sa main une relation du combat; et après l'avoir assez long-temps interrogé, l'éleva par l'avis du conseil à la dignité de vice-amiral. Ce prince n'avoit pas besoin de l'esclave des triomphateurs romains, il savoit assez lui seul prescrire de la modestie à son triomphe.

Il joignit encore beaucoup de douceur et de générosité, en traitant le contre-amiral suédois Ockrenskield comme il avoit fait auparavant le général Rhinschild. Il n'y a que la vraie valeur qui aime à se retrouver dans un ennemi, et qui s'y respecte.

Nous supprimerons désormais presque tout ce qui appartient à la guerre. Tous les obstacles sont surmontés, et d'assez beaux commencemens établis.

Le czar en 1716 alla avec la czarine voir le roi de Danemarck à Copenhague, et y passa trois mois. Là il visita tous les collèges, toutes les académies, et vit tous les savans. Il lui étoit indifférent de les faire venir chez lui, ou d'aller chez eux. Tous les jours il alloit dans une chaloupe avec deux ingénieurs côtoyer les deux royaumes de Danemarck et de Suède, pour mesurer toutes les sinuosités, sonder tous les fonds, et porter ensuite le tout sur des cartes si exactes, que le moindre banc de sable ne leur a pas échappé. Il falloit qu'il fût bien respecté de ses alliés, pour n'être pas traversé par eux, même dans ce grand soin de s'instruire si particulièrement.

Ils lui donnèrent encore une marque de considération plus éclatante. L'Angleterre étoit son alliée aussi bien que le Danemarck, et ces deux puissances ayant joint leurs flottes à la sienne, lui déférèrent le commandement en chef. Les nations les plus expérimentées sur la mer vouloient bien déjà obéir au premier de tous les Russes qui eût connu la mer.

De Danemarck il alla à Hambourg, de Hambourg à Hanovre et à Wolfembutel, toujours observant, et de-là en Hollande, où il laissa la czarine, et vint en France en 1717. Il n'avoit plus rien d'essentiel à apprendre ni à transporter chez lui ; mais il lui restoit à voir la France, un pays où les connoissances ont été portées aussi loin, et les agrémens de la société plus loin que partout ailleurs ; seulement est-il à craindre que l'on n'y prenne à la fin un bizarre mépris du bon devenu trop familier.

Le czar fut fort touché de la personne du roi encore enfant. On le vit qui traversoit avec lui les appartemens du Louvre, le conduisant par la main, et le prenant presque entre ses bras pour le garantir de la foule, aussi occupé de ce soin et d'une manière aussi tendre que son propre gouverneur.

Le 19 Juin 1717, il fit l'honneur à l'académie des sciences d'y venir. Elle se para de ce qu'elle avoit de plus nouveau et de plus curieux en fait d'expériences ou de machines. Dès qu'il fut retourné dans ses états, il fit écrire à M. l'abbé Bignon par M. Areskins Ecossais, son premier médecin, qu'il vouloit bien être membre de cette compagnie ; et quand elle lui en eut rendu graces avec tout le respect et toute la reconnoissance qu'elle devoit, il lui en écrivit lui-même une lettre, qu'on n'ose appeler une lettre de remercîmens, quoiqu'elle vînt d'un souverain qui s'étoit accoutumé depuis long-temps à être homme. Tout cela est imprimé dans l'histoire de 1720 ; et tout glorieux qu'il est à l'académie, nous ne le répéterons pas. On étoit ici fort régulier à lui envoyer chaque année le volume qui lui étoit dû en qualité d'académicien, et il le recevoit avec plaisir de la part de ses confrères. Les sciences, en faveur desquelles il s'abaissoit au rang de simple particulier, doivent l'élever en récompense au rang des Augustes et des Charlemagnes, qui leur ont aussi accordé leur familiarité.

Pour porter la puissance d'un état aussi loin qu'elle puisse aller, il faudroit que le maître étudiât son pays presque en géographe et en physicien, qu'il en connût parfaitement tous les avantages naturels, et qu'il eût l'art de les faire valoir. Le czar travailla sans relâche à acquérir cette connoissance et à pratiquer cet art. Il ne s'en fioit point à des ministres peu accoutumés à rechercher si soigneusement le bien public; il n'en croyoit que ses yeux, et des voyages de trois ou quatre cents lieues ne lui coûtoient rien, pour s'instruire par lui-même. Il les faisoit accompagné seulement de trois ou quatre personnes, et avec cette intrépidité qui suffit seule pour éloigner les périls. Aussi le czar possédoit-il si exactement la carte de son vaste Empire, qu'il conçut, sans crainte de se tromper, les grands projets qu'il pouvoit fonder, tant sur la situation en général, que sur les détails particuliers des pays.

Comme tous les Méridiens se rassemblent sous le Pôle en un seul point, les Français et les Chinois, par exemple, se trouveroient voisins du côté du Septentrion, si leurs royaumes s'étendoient beaucoup davantage de ce côté-là. Ainsi la situation fort septentrionale de l'Empire Moscovite jointe à sa grande étendue, fait que par ses parties méridionales il touche aux parties septentrionales de grands états fort éloignés les uns des autres vers le Midi. Il est le voisin d'une grande partie de l'Europe et de toute l'Asie; il a d'ailleurs de grandes rivières qui tombent en différentes mers; la Duvine dans la mer Blanche, partie de l'Océan; le Don dans la mer Noire, partie de la Méditerranée; le Volga dans la mer Caspienne. Le czar comprit que ces rivières jusque-là presque inutiles, réuniroient chez lui tout ce qu'il y a de plus séparé, s'il les faisoit communiquer entr'elles, soit par de moindres rivières qui s'y jettent, soit par des canaux qu'il tireroit. Il entreprit ces grands travaux, fit faire tous les nivellemens nécessaires, choisit lui-même les lieux où les canaux devoient être creusés, et régla le nombre des écluses.

La jonction de la rivière de Volkoua qui passe à Pétersbourg, avec le Volga, est présentement finie, et l'on fait par eau à travers toute la Russie un chemin de plus de huit cents lieues depuis Pétersbourg jusqu'à la mer Caspienne, ou en Perse. Le czar envoya à l'académie le plan de cette communication où il avoit tant de part comme ingénieur; il semble qu'il voulût faire ses preuves d'académicien.

Il y a encore un autre canal fini qui joint le Don avec le Volga. Mais les Turcs ayant repris la ville d'Asof, située à l'embouchure du Don, la grande utilité de ce canal attend une nouvelle conquête.

Vers l'Orient la domination du czar s'étend dans un espace de plus de quinze cents lieues jusqu'aux frontières de la Chine, et au voisinage des mers du Japon. Les caravanes moscovites, qui alloient trafiquer à la Chine, mettoient une année entière à leur voyage. C'étoit-là une ample matière à exercer un génie tel que le sien, car ce long chemin pouvoit être et abrégé et facilité, soit par des communications de rivières, soit par d'autres travaux, soit par des traités avec des princes tartares, qui auroient donné passage dans leur pays. Le voyage pouvoit n'être que de quatre mois. Selon son dessein, tout doit aboutir à Pétersbourg qui par sa situation seroit un entrepôt du monde. Cette ville, à laquelle il avoit donné la naissance et son nom, étoit pour lui ce qu'étoit Alexandrie pour Alexandre son fondateur; et comme Alexandrie se trouva si heureusement située qu'elle changea la face du commerce d'alors, et en devint la capitale à la place de Tyr : de même Pétersbourg changeroit les routes d'aujourd'hui, et deviendroit le centre d'un des plus grands commerces de l'univers.

Le czar porta encore ses vues plus loin. Il voulut savoir quelle étoit sa situation à l'égard de l'Amérique, si elle tient à la Tartarie, ou si la mer du Septentrion donnoit un passage dans ce grand continent, ce qui lui auroit encore ouvert le Nouveau-Monde. De deux vaisseaux qui partirent d'Archangel pour cette découverte jusqu'à présent impossible, l'un fut arrêté par les glaces, on n'a point eu de nouvelles de l'autre, qui apparemment a péri. Au commencement de cette année il a encore donné ordre à un habile capitaine de marine d'en construire deux autres pour le même dessein ; il falloit que dans de pareilles entreprises l'opiniâtreté de son courage se communiquât à ceux qu'il employoit.

La révolution arrivée en Perse par la révolte de Mahmoud, attira de ce côté-là les armes du czar et du grand seigneur. Le czar s'empara de la ville de Derbent sur la côte Occidentale de la mer Caspienne, et de tout ce qui lui convenoit, par rapport au projet d'étendre le commerce de Moscovie : il fit lever le plan de cette mer, et grace à ce conquérant académicien, on en connut enfin la véritable figure, fort différente de celle qu'on lui donnoit communément. L'académie reçut aussi du czar une carte de sa nouvelle mer Caspienne.

La Moscovie avoit beaucoup de mines, mais ou inconnues ou négligées par l'ancienne paresse et le découragement général de la nation. Il n'étoit pas possible qu'elles échappassent à la vive attention que le souverain portoit sur tout. Il fit venir d'Allemagne des gens habiles dans la science des métaux, et mit en valeur tous ces trésors enfouis; il lui vint de la poudre d'or des bords de la mer Caspienne, et du fond de la Sibérie; on dit qu'une livre de cette dernière poudre rendoit quatorze onces d'or pur. Du moins le fer beaucoup plus nécessaire que l'or, devint commun en Moscovie, et avec lui tous les arts qui le préparent ou qui l'employent.

On ne peut que parcourir les différens établissemens que lui doit la Moscovie, et seulement les principaux.

Une infanterie de cent mille hommes aussi belle, et aussi aguerrie qu'il y en ait en Europe, dont une assez grande partie des officiers sont déjà Moscovites; on convient que la cavalerie n'est pas si bonne, faute de bons chevaux.

Une marine de quarante vaisseaux de ligne, et de deux cents galères.

Des fortifications selon les dernières règles à toutes les places qui en méritent.

Une excellente police dans les grandes villes, qui auparavant étoient aussi dangereuses pendant la nuit que les bois les plus écartés.

Une académie de marine et de navigation, où toutes les familles nobles sont obligées d'envoyer quelques-uns de leurs enfans.

Des collèges à Moscou, à Pétersbourg, et à Kiof pour les langues, les belles-lettres, et les mathématiques; de petites écoles dans les villages, où les enfans des paysans apprennent à lire et à écrire.

Un collège de médecine et une belle apoticairerie publique à Moscou, qui fournit de remèdes les grandes villes, et les armées; jusque-là il n'y avoit eu dans tout l'Empire aucun médecin que pour le czar, nul apoticaire.

Des leçons publiques d'anatomie, dont le nom n'étoit seulement pas connu, et ce qu'on peut compter pour une excellente leçon toujours subsistante, le cabinet du fameux M. Ruisch acheté par le czar, où sont rassemblées tant de dissections si fines, si instructives et si rares.

Un observatoire, où des astronomes ne s'occupent pas seulement à étudier le ciel, mais où l'on renferme toutes les curiosités d'histoire naturelle, qui apparemment donneront naissance à un long et ingénieux travail de recherches physiques.

Un jardin des plantes où des botanistes qu'il a appelés, rassembleront avec notre Europe connue, tout le nord inconnu de l'Europe, celui de l'Asie, la Perse et la Chine.

Des imprimeries, dont il a changé les anciens caractères trop barbares, et presque indéchiffrables à cause des fréquentes abréviations; d'ailleurs des livres si difficiles à lire étoient plus rares qu'aucune marchandise étrangère.

Des interprètes pour toutes les langues des états de l'Europe, et de plus pour la latine, pour la grecque, pour la turque, pour la calmouque, pour la mongule et pour la chinoise, marque de la grande étendue de cet empire, et peut-être présage d'une plus grande.

Une bibliothèque royale, formée de trois grandes bibliothèques qu'il avoit achetées en Angleterre, en Holstein et en Allemagne.

Après avoir donné à son ouvrage des

fondemens solides et nécessaires, il y ajouta ce qui n'est que de parure et d'ornement. Il changea l'ancienne architecture grossière et difforme au dernier point, ou plutôt il fit naître chez lui l'architecture. On vit s'élever un grand nombre de maisons régulières et commodes, quelques palais, des bâtimens publics, et surtout une amirauté, qu'il n'a faite aussi superbe et aussi magnifique, que parce que ce n'est pas un édifice destiné à une simple ostentation de magnificence. Il a fait venir d'Italie et de France beaucoup de tableaux, qui apprennent ce que c'est que la peinture à des gens qui ne la connoissoient que par de très-mauvaises représentations de leurs saints. Il en envoyoit à Gènes et à Livourne des vaisseaux chargés de marchandises, qui lui rapportoient du marbre et des statues. Le pape Clément XI touché de son goût, lui donna une antique qu'il fit venir par terre à Pétersbourg, de peur de la risquer sur mer. Il a même fait un cabinet de médailles, curiosité qui n'est pas ancienne dans ces pays-ci. Il aura eu l'avantage de prendre tout dans l'état où l'ont mis jusqu'à présent les nations les plus savantes et les plus polies, et elles lui auront épargné cette suite si lente de progrès qu'elles ont eus à essuyer; bientôt elles verront la nation russienne arriver à leur niveau, et y arriver d'autant plus glorieusement, qu'elle sera partie de plus loin.

Les vues du czar embrassoient si généralement tout, qu'il lui passa par l'esprit de faire voyager dans quelques villes principales d'Allemagne les jeunes demoiselles moscovites, afin qu'elles prissent une politesse et des manières dont la privation les défiguroit entièrement. Il avoit vu ailleurs combien l'art des agrémens aide la nature à faire des personnes aimables, et combien même il en fait sans elle. Mais les inconvéniens de ces voyages se présentèrent bien vite, il fallut y renoncer, et attendre que les hommes devenus polis fussent en état de polir les femmes : elles surpasseront bientôt leurs maîtres.

Le changement général comprit aussi la religion, qui à peine méritoit le nom de religion chrétienne. Les Moscovites observoient plusieurs carêmes, comme tous les Grecs; et ces jeûnes, pourvu qu'ils fussent très-rigoureusement gardés, leur tenoient lieu de tout. Le culte des Saints avoit dégénéré en une superstition honteuse; chacun avoit le sien dans sa maison pour en avoir la protection particulière, et on prêtoit à son ami le saint domestique dont on s'étoit bien trouvé : les miracles ne dépendoient que de la volonté et de l'avarice des prêtres. Les pasteurs qui ne savoient rien, n'enseignoient rien à leurs peuples; et la corruption des mœurs, qui peut se maintenir jusqu'à un certain point malgré l'instruction, étoit infiniment favorisée et accrue par l'ignorance. Le czar osa entreprendre la réforme de tant d'abus; sa politique même y étoit intéressée. Les jeûnes, par exemple, si fréquens et si rigoureux, incommodoient trop les troupes, et les rendoient souvent incapables d'agir. Ses prédécesseurs s'étoient soustraits à l'obéissance du Patriarche de Constantinople, et s'en étoient fait un particulier. Il abolit cette dignité, quoique assez dépendante de lui, et par là se trouva plus maître de son église. Il fit divers réglemens ecclésiastiques sages et utiles, et, ce qui n'arrive pas toujours, tint la main à l'exécution. On prêche aujourd'hui en moscovite dans Pétersbourg; ce nouveau prodige suppléera ici pour les autres. Le czar osa encore plus; il retrancha aux églises ou aux monastères trop riches l'excès de leurs biens, et l'appliqua à son domaine. On n'en sauroit louer que sa politique, et non pas son zèle de religion, quoique la religion bien épurée pût se consoler de ce retranchement. Il a aussi établi une pleine liberté de conscience dans ses états, article dont le pour et le contre peut être soutenu en général, et par la politique, et par la religion.

Il n'avoit que cinquante-deux ans, lorsqu'il mourut, le 28 janvier 1725, d'une rétention d'urine, causée par un abcès dans le col de la vessie. Il souffrit d'extrêmes douleurs pendant douze jours, et ne se mit au lit que dans les trois derniers. Il quitta la vie avec tout le courage d'un héros, et toute la piété d'un chrétien. Comme il avoit déclaré par un édit, trois ans auparavant, qu'il étoit maître de disposer de sa succession, il la laissa à la czarine sa veuve, qui fut reconnue par tous les ordres de l'Etat, souveraine impératrice de Russie. Il avoit toujours eu pour elle une vive passion, qu'elle avoit justifiée par un mérite rare, par une intelligence capable d'entrer dans toutes ses vues et de les seconder, par une intrépidité presque égale à la sienne, par une inclination bienfaisante, qui ne demandoit qu'à connoître des malheureux pour les soulager.

La domination de l'impératrice Catherine est encore affermie par la profonde vénération que tous les sujets du czar avoient conçue pour lui. Ils ont honoré sa mort de larmes sincères; toute sa gloire leur avoit été utile. Si Auguste se vantoit d'avoir trouvé Rome de briques, et de la laisser de marbre, on voit assez combien, à cet égard, l'empereur Romain est inférieur à celui de la Russie. On vient de lui frapper des médailles, où il est appelé Pierre-le-Grand; et sans doute le nom de Grand lui sera confirmé par le consentement des étrangers, nécessaire pour ratifier ces titres d'honneur donnés par des sujets à leur maître.

Son caractère est assez connu par tout ce qui a été dit; on ne peut plus qu'y ajouter quelques particularités des plus remarquables. Il jugeoit indigne de lui toute la pompe et tout le faste qui n'eût fait qu'environner sa personne; et il laissoit le prince Menzicoff représenter par la magnificence du favori la grandeur du maître. Il l'avoit chargé des dehors brillans, pour ne se réserver que les fonctions laborieuses. Il les poussoit à tel point, qu'il alloit lui-même aux incendies, qui sont en Moscovie très-communs, et font beaucoup de ravages, parce que les maisons y sont ordinairement de bois. Il avoit créé des officiers obligés à porter du secours; il avoit pris une de ces charges; et, pour donner l'exemple, il montoit au haut des maisons en feu, quel que fût le péril; et ce que nous admirerions ici dans un officier subalterne, étoit pratiqué par l'empereur. Aussi les incendies sont-ils aujourd'hui beaucoup plus promptement éteints. Nous devons toujours nous souvenir de ne pas prendre pour règle de nos jugemens des mœurs aussi délicates, pour ainsi dire, et aussi adoucies que les nôtres: elles condamneroient trop vite des mœurs plus fortes et plus vigoureuses. Il n'étoit pas exempt d'une certaine dureté naturelle à toute sa nation, et à laquelle l'autorité absolue ne remédioit pas. Il s'étoit corrigé des excès du vin très-ordinaires en Moscovie, et dont les suites peuvent être terribles dans celui à qui on ne résiste jamais. La czarine savoit l'adoucir, s'opposer à propos aux emportemens de sa colère, ou fléchir sa sévérité; et il jouissoit de ce rare bonheur que le dangereux pouvoir de l'amour sur lui, ce pouvoir qui a deshonoré tant de grands hommes, n'étoit employé qu'à le rendre plus grand. Il a publié avec toutes les pièces originales la malheureuse histoire du prince Alexis son fils; et la confiance avec laquelle il a fait l'univers juge de sa conduite, prouve assez qu'il ne se reprochoit rien. Des traits éclatans de clémence à l'égard de personnes moins chères et moins importantes, font voir aussi que sa sévérité pour son fils dut être nécessaire. Il savoit parfaitement honorer le mérite; ce qui étoit l'unique moyen d'en faire naître dans ses états, et de l'y multiplier. Il ne se contentoit pas d'accorder des bienfaits, de donner des pensions, faveurs indispensables et absolument dues selon les desseins qu'il avoit formés; il marquoit par d'autres voies une considération plus flatteuse pour les personnes, et quelquefois il la marquoit même encore après la mort. Il fit faire des funérailles magnifiques à

M. Areskins son premier médecin, et y assista portant une torche allumée à la main. Il a fait le même honneur à deux Anglais, l'un contre-amiral de sa flotte, l'autre interprète des langues.

Nous avons dit ailleurs qu'ayant consulté sur ses grands desseins l'illustre M. Leibnitz, il lui avoit donné un titre d'honneur et une pension considérable, qui alloit chercher dans son cabinet un savant étranger, à qui l'honneur d'avoir été consulté eût suffi. Le czar a composé lui-même des traités de marine, et l'on augmentera de son nom la liste peu nombreuse des souverains qui ont écrit. Il se divertissoit à travailler au tour; il a envoyé de ses ouvrages à l'empereur de la Chine, et il a eu la bonté d'en donner un à M. d'Onsembray, dont il jugea le cabinet digne d'un si grand ornement. Dans les divertissemens qu'il prenoit avec sa Cour, tels que quelques relations nous les ont exposés, on peut trouver des restes de l'ancienne Moscovie; mais il lui suffisoit de se relâcher l'esprit, et il n'avoit pas le temps de mettre beaucoup de soin à raffiner sur les plaisirs. Cet art vient assez tôt de lui-même après les autres.

Sa vie ayant été assez courte, ses projets qui avoient besoin d'une longue suite d'exécution ferme et soutenue, auroient péri presqu'en naissant, et tout seroit retombé par son propre poids dans l'ancien chaos, si l'impératrice Catherine n'avoit succédé à la couronne. Pleinement instruite de toutes les vues de Pierre le Grand, elle en a pris le fil et le suit : c'est toujours lui qui agit par elle. Il lui avoit particulièrement recommandé en mourant de protéger les étrangers et de les attirer. M. Delisle, astronome de cette académie, vient de partir pour Pétersbourg, engagé par les graces de l'impératrice. Messieurs Nicolas et Daniel Bernouilli, fils de Jean, dont le nom sera immortel dans les mathématiques, l'ont devancé de quelques mois, et ils ont été devancés aussi par le célèbre M. Herman, dont nous avons de si beaux ouvrages. Quelle colonie pour Pétersbourg ! La sublime géométrie des infiniment petits va pénétrer avec ces grands géomètres dans un pays où les élémens d'Euclide étoient absolument inconnus il y a vingt-cinq ans. Nous ne parlerons point des autres sujets de l'académie de Pétersbourg ; ils se feront assez connoître, excités et favorisés comme ils le seront par l'autorité souveraine. Le Danemarck a eu une reine qu'on a nommée la Sémiramis du nord : il faudra que la Moscovie trouve quelque nom aussi glorieux pour son impératrice.

Fin du Volume et des Éloges de Fontenelle.

www.ingramcontent.com/pod-product-compliance
Lightning Source LLC
Chambersburg PA
CBHW050347170426
43200CB00009BA/1767